문학과지성 시인선 623

축 생일

김선우 시집

문학과지성사

문학과지성사에서 펴낸 김선우의 시집

내 몸속에 잠든 이 누구신가(2007)
녹턴(2016)

문학과지성 시인선 623
축 생일

초판 1쇄 발행 2025년 9월 23일
초판 2쇄 발행 2025년 10월 21일

지은이   김선우
펴낸이   이광호
주간   이근혜
편집   최은지 유하은 김필균 허단 윤소진 조아혜 김다연
마케팅   이가은 허황 최지애 남미리 맹정현
제작   강병석
펴낸곳   ㈜문학과지성사
등록번호   제1993-000098호
주소   04034 서울 마포구 잔다리로7길 18(서교동 377-20)
전화   02)338-7224
팩스   02)323-4180(편집) / 02)338-7221(영업)
대표메일   moonji@moonji.com
저작권 문의   copyright@moonji.com
홈페이지   www.moonji.com

ⓒ 김선우, 2025. Printed in Seoul, Korea

ISBN   978-89-320-4459-0   03810

이 책의 판권은 지은이와 ㈜문학과지성사에 있습니다.
양측의 서면 동의 없는 무단 전재 및 복제를 금합니다.

문학과지성 시인선 623

축 생일

김선우

시인의 말

매일 아침 허물 벗는 빛과 바람, 그리고

시인으로 살아낼 수 있는 힘을 주신
엄마에게 바칩니다

2025년 9월
김선우

축 생일
차례

시인의 말

1부
폴짝인입니까?　9
지푸라기의 시　13
만져도 될까요?　15
고비의 당신　19
푸른 닭 언니네　21
산골, 폴짝인들　22
달 봐요 파티　24
폴짝, 초원에서　26
평평으로　29
시인이 책날개를 접고 나비들 꽁무니를 따르는 이유　31
달 봐요　34
빈 배로부터　36
가을 강에 떠가는 나뭇잎 배로부터　38
한 마을의 시가 태어나는 자리　39
행복의 기원　40
찬란, 소녀들　41
어떤 날　44
새야　45

2부

손을 보는 슬픔   49
시간의 창조자   52
환삼덩굴의 노래   53
미륵의 고독 1   55
미륵의 고독 2   69
상사화로부터   72
벼랑 끝 나무로부터 배운 운명론   73
밤의 여로   74
너무 마음 끓이지 마요   75
시인은 이쪽에 한 청년의 꽃잎을 놓을 텐데   76
아무도 아닌 자의 장미   81
달 봐요 2   87
늑대 발목   89
독각, 또각또각   91
겨울나무에 얼음세포가 자라는 이유   94
무화과   96
글라스하모니카를 위한 아다지오와 론도   98

3부

축 생일   103
엄마   105
엄마의 배꼽   109
시에 나오는 사람   117
여명   119
아버지라는 시대   123

망백   125
자존   127
구름을 기르겠습니까?   130
완경기   132
우리 쑥 캐러 갈까?   133
초희 생각   135
밤이 치자나무 잎사귀 곁에서 속삭인 말   139
거대한 착각   140
잘 익은 복숭아 한 알   141
축 생일 2   142
겨울 숲에서 배운 것   144
환절기   146

해설
세 개의 세계, 하나의 선·박수연   148

1부

폴짝인입니까?

　나도요 폴짝! 우리는 반가워서 폴짝폴짝 뜁니다

　그쪽 우물은 얼마나 깊었나요? 하늘이 동그랬나요? 삼각형, 사각형, 오각형, 육각형이었나요? 희미한 햇빛이 아주 잠깐 우물 바닥을 비추고 사라질 때나 뚝뚝 끊기는 바람이 어깨에 닿을락 말락 머물다 가버릴 때 당신도 두 손 꼭 맞잡고 우물하늘을 올려다보았나요? 우물 속에선 내내 하늘을 쳐다봤죠 햇빛과 바람이 거기서 들어오니까…… 당신도 우물이 모든 걸 보내준다고 믿었나요? 그랬죠 그럴 수밖에요 내가 우물을 사랑하는 것과 같이 우물이 나를 사랑해서…… 충분하진 않지만 그래도 햇빛과 바람이…… 내게로 온다고…… 때로는 특별한 은총이라 느끼기도 했고요 우물하늘 바깥에 무엇이 있을까? 가끔 이런 생각이 들 때면 오른손으로 왼 손등을 찰싹찰싹 때렸죠 왼손으로 왼뺨을 철썩철썩 때렸죠 의심하는 자는 사랑받을 자격이 없다고 생각했으니까요 왜 그렇게 생각하게 되었는지는…… 음…… 글쎄요

　폴짝, 우리는 서로의 눈물을 닦아줍니다

어디서부터 시작됐을까요? 우리의 폴짝은

바람 타고 떠돌다 우물 속이 궁금해 들어와 본 풀씨 하나로부터? 풀이 전해준 바깥의 하늘과 햇살과 바람으로부터? 바깥 따위 하나도 궁금하지 않다고, 모든 의미는 우물에 있다고, 이 속에서 나는 행복하다고, 주먹을 꼭 쥐고 거듭거듭 말할 때 "그래요? 정말 그래요?" 되묻는 풀의 부드러운 초록색 웃음으로부터?

폴짝 나도요 폴짝폴짝 나도요

풀씨가 풀이 되고 풀이 풀씨들이 되어 우물 밖으로 떠난 뒤 어쩐지 심장이 우르르르해지고 알에 금이 가듯 그 금 밖으로 솜털 같은 무언가 삐져나오듯 폴짝, 폴짝폴짝, 폴짝폴짝폴짝, 나도 모르게 우물 벽을 기어오르기 시작했죠 폴짝 나도요! 폴짝폴짝 나도요! 마침내 우물 밖에 두 발을 디뎠을 때……

이런…… 제기랄! 하늘이 이토록 드넓은 거였다니! 좁고 깊은 우물들이 여기 툭 저기 툭 이렇게나 많다니! 쏟아지는 햇빛과 나부끼는 바람 속에서 우물과 우물 사이를 뛰어다니며 폴짝폴짝 웃었죠 폴짝폴짝 울었죠 이런 젠장! 햇빛 한 줌 바람 한 줄기 얻어보려고 여태 난 뭘 한 거야! 우물하늘이…… 죽어라 쳐다본 하늘이…… 하늘 같은 하늘이…… 콧구멍만 한 거였다니!

폴짝인이라 합시다 우물 밖으로 폴짝, 뛰어나와본 이들을

폴짝인은 생겨났다가 사라지기도 하고 숨었다가 폴짝 나타나기도 하지요 각 우물마다 그곳을 가장 안락하게 느끼는 누군가가 있고 그들은 폴짝인이 될 수도 안 될 수도 있습니다 한 우물에서 폴짝 나와 다른 우물로 들어가는 이들도 있는데 그들이 다시 폴짝인이 될지 아닐지는 알 수 없지요 아무튼 폴짝! 폴짝인의 역사는 계속될 것이고 나는 폴짝인인 내가 퍽 자랑스러운데 나도 나도! 폴짝폴짝! 드넓은 하늘 밑에서 서로를 알아본 폴짝들은 문

자로 기록된 바 없으나 입에서 입으로 전해지는 폴짝인의 서(序)를 떠올리곤——

「우물 안에서 희망을 찾으려는 노력, 결국 우물에 포섭되고 만다네」

뜨겁게 서로를 응원하며 폴짝폴짝, 저마다 갈 길을 갑니다 폴짝, 폴짝폴짝, 폴짝폴짝폴짝!

지푸라기의 시

나는 작은 씨앗 하나였던 적이 있고
햇살을 쌓아 유록빛 몸을 만든 적이 있고
한 줌의 낟알을 길러 누군가에게 먹인 적이 있고
서리 깔린 들판 위 노을에 물든 적이 있고

나는 붉은머리오목눈이가 자그마한 부리와 날개로 커다란 뻐꾸기를 기르는 걸 본 적이 있고
비바람에 젖은 어린나무의 가느다란 등줄기를 닦아주고 싶어 한 적이 있고

나는 겨울 강에서 마른 풀반지와 함께 얼었다 풀려난 적이 있고
여름 물과 가을 물의 밀도가 다른 것을 알고 있고
봄이면 물 위로 뛰어오르는 잉어의 마음을 알았던 적도 있고

그리고……
그리고……

한 소년의 손아귀에서 뜨겁게 뛰는 심장이었네
강물을 떠도는 삶이 어쩐지 싫어져
나는 왜 하필 여기 떨어진 지푸라기일까 생각하던 때였지

온 힘을 다해 소년을 떠받쳤네 지푸라기일 뿐이지만
무지개…… 무지개 같은 심장이 되어주고 싶었지

물을 토해낸 소년이 구급차에 실려 떠난 뒤
아득한 마음 강둑에 누워
내가 소년을 구한 것이 아니라
소년이 나를 구했다는 걸 알았지

그리고……
그리고……

바람이 부네

만져도 될까요?

꽃이 활짝 폈나요?
응, 아주 활짝, 나이가 많은 것 같아
얼마나요?
글쎄……

1

여자의 손을 잡은 소녀가 내 곁으로 왔다
— 만져도 될까요?
소녀가 내게 속삭였다
땅속 깊숙이 펼친 발끝들이 두근거렸다
여자의 손에 지팡이를 건넨 소녀는
가만가만 나를 쓰다듬다가
여자를 향해 말했다
— 엄마보다 나이가 훨씬 많아요 아마도 할머니쯤?
할머니라는 말이 좋아서 나는 푸드득 웃었다
— 내가 좀 기대어도 될까요?
나는 있는 힘껏 품을 열었다

바람이 불기 시작했다
인간을 위해 내 안에서 바람이 태어난 게 언제였더라

2

── 만져도 될까?
아주 오래전에도 한 소녀가 물었지

나무의 일생을 살면서
인간이 나를 슬프게 할 때마다
소녀가 떠올랐다
인간이 미워질 때마다

조심조심 나를 쓰다듬던 소녀
내 생채기에 입김을 불어주었지
── 아팠겠다, 여기

나는 발끝부터 우듬지까지 온 힘을 모아 올렸어

바람을 일으키고 싶었지
땀에 젖은 그 애의 머리칼을 나부끼게 해주고 싶었어

그 애는 지금쯤
아, 정말로 할머니가 되었겠네
살아 있다면 한 번쯤 보고 싶은데

내 주위를 지나는 인간들을 유심히 보게 될 때가 있어
아마 그런 날일 거야
그 애가 생각나는 날

그 뒤론 한 번도
물어온 인간이 없었어
─ 만져도 될까?

3

눈먼 소녀의 머리칼이 나부꼈다

— 고마워요, 나무 할머니
　나는 웃었다
　웃는 나를
　소녀가 알아보았다
　— 보는 법을 연습하는 중이거든요
　나는 온몸으로 끄덕여주었다
　소녀의 엄마가 하얀 지팡이를 내밀었다
　소녀가 한 손으로 엄마의 손을, 다른 손으로 지팡이를 쥐었다

　내가 평생 보아온 인간 중에
　나를 본 두번째 인간

　내 안에서 바람이 불었다
　잊은 줄 알았는데
　소녀의 머리칼이 나부꼈다
　고마운 날이었다

고비의 당신

당신 꿈을 꾸었어요 지상에서 유일하게
야생 낙타와 야생 당나귀가 사는 곳
모래바람 일어 아무것도 보이지 않아도
길을 잃지 않는,
보이는 것으로 지도를 삼지 않는 사람들

샘에 이르자
양과 말과 낙타가 먼저 물을 먹도록
뒷전에서 기다리며 조용히 웃는 당신의 눈빛,
가축으로 길들였으나 가축만은 아닌
서로 보살피는 쪽으로 관계를 유지하는 품위를
당신은 가계로부터 물려받았더군요
아름다웠습니다

함께 비를 맞던 순간을 오래 기억할게요
순식간에 훑고 지나갈 뿐이지만
한 방울 한 방울 들꽃이 되는 비
물 귀한 곳에서 극진으로 생생해지는
물의 환희가

피톨처럼 온몸으로 전해졌지요

때로 당신 꿈을 꾸고 기도합니다
메마른 도시 너무도 메마른 날에

고비의 당신이 오래도록 안녕하기를
당신의 안녕으로 어떤 아름다움이
지상에서 끝내 지켜지기를

양과 말과 낙타와 가만가만 멀리 닿는 구음과
야생 낙타와 야생 당나귀와 함께

푸른 닭 언니네

아침에 상추를 뜯었는데
햇빛이 종일 양양양양
놓아 기르는 푸른 닭들이
햇빛을 콕콕콕콕 쪼아 먹는다

"저 애는 열한 살
우리 지수랑 동갑내기"
닭이 10년 넘게 산다는 걸 처음 알았다

해가 저물 즈음 상춧잎이 또 자라 있다
뜯어 먹어도 될 만큼
양양양양 자라 있다
달빛이 닭들을
톡톡톡톡 쓰다듬기 시작한다

산골, 폴짝인들

착취당하고 싶지 않아
착취하고 싶지도 않아
혹시 나도 모르는 사이 누군가를 착취하고 있는 건 아닌지 걱정되기 시작했어요
착취를 묵인하는 소비
착취를 조장하는 소비를 하고 싶지도 않고요
꺼림칙해요
그뿐이에요

그래서 폴짝, 도시로부터 폴짝폴짝, 산골로 폴짝!

살아가는 것만으로도 지구에 해로운 건
동물종 가운데 인간밖에 없다고요

폴짝, 폴짝폴짝, 폴짝폴짝폴짝,

사는 동안 있는 힘껏 내 삶을 책임지고 싶어요
그래봤자 완전히 자유로워지긴 어렵지만
최소한의 폭력

네, 그 정도라도 되면 좋겠어요

그래서 폴짝, 도시로부터 폴짝폴짝, 산골로 폴짝!

● 『벗자편지: 자급하는 삶을 어렵게 하는 허울을 벗어던지자』(김혜련 외, 니은기역, 2022)를 읽다가 썼다. 나도 나도! 폴짝폴짝! 무한히 응원하는 마음으로.

달 봐요 파티

달 봐요
지구의 탯줄 끝에
매달린 배꼽 같은

숨 쉬는 배꼽을 따라
바닷물이 쌔근쌔근
심해가 스르르 눈을 감고 눈을 뜨고

달 봐요
지구의 심해에도 닿지 못하는 인간이
달에 가서 채굴과 부동산 장사를 하겠다는 시절

달 봐요 우리
쌔근쌔근
지구와 탯줄로 연결된 달

지구가 낳은
지구를 낳은
지구의 배꼽

저 달을 봐요
쌔근쌔근
아직 끊어지지 않은 탯줄이
보이나요?

폴짝, 초원에서

불안과 갈증에 담금질되던 나
내 것을 지키기 위해 안간힘 쓰던 나

기특하지만 한없이 가여웠던 내가
스르르 풀려 날아갔네

나로 존재하기 위해 애쓰며 살던
대도시의 나날이 흩어졌네
살기 위해서는 무슨 짓이라도 해야 한다고 해맑게 말하
는 작은 악들이 너무도 평범해진 세상

무너졌네 무너져 내렸네
나이기 위해 애쓰던 나의 조각들
훨훨 훨훨훨 훨훨훨훨훨
독수리에게 바람에게 풀씨들에게 훨훨
마침내 없는 내가
없어서 드디어 만져질 듯한 내가
보얗고 착한 모호한 혼의 알 같은
손아귀에 쥐면 빠져나가 금세 허공인 어떤 있음이

달인 듯 구름인 듯 늑대인 듯 했네
호수에 비치는 나무 그림자인 듯했네
사랑을 나누는 유목민 부부인 듯했네
어쩌면 그 모두인 듯했네

아침이 올 때
나는 여러 갈래로 흩어졌네
말할 수 없이 가벼웠고
어디에도 없으므로
어디에나 있었네

땅에 바싹 붙어 핀 아침 꽃을 볼 수 있었지
아주 작은 꽃 한 송이인 나를 느꼈지
태어나 처음인 듯 내 얼굴을 들여다보는 나와 함께
빛이 피어났네 무너지면서 피어났네

오오, 나는 현자의 말을 빌려 그 순간을 경배했지
경배할 수밖에 없었지

"나라고 부를 것이 없는데 내 것이 어디 있을까요!"*

* 나가르주나, 제18장 「관법품(觀法品)」, 『중론(中論)』.

평평으로

平
어떤 것을 올리든 고르게
고르게 하려는 의지
한쪽으로 기울어지면
다른 쪽에 무게를 더하려는 의지

平平
고르게
고르게 될 때까지
작고 가벼운 쪽으로
희미한 반짝임 쪽으로
선한 눈물의 방향으로
아무것도 아닌 것이 아무것도 없는 쪽으로
끊임없이 중심축을
이동하려는 의지

平平平
마침내 저울이 지렛대가 되는 의지

平平平平
고르게
고르게
고르게 하려는 의지를
지켜내려는 의지

그때 비로소
자유는 자유

시인이 책날개를 접고 나비들 꽁무니를 따르는 이유

살굿빛 오늘은

스포츠 용품 전문점에 들어선 두 사람
신발 매대에서 남자가 이 신발 저 신발 기웃거린다
티 안 나게 가격표를 보려 해도 결국 티가 난다
"저기…… 좀 싼 건 없습니까?"
난처해하는 점원
"우리 딸애가 첫 월급을 탔다고. 허. 애비 신발을 사 주겠다지만. 허허. 웬 신발이 죄다 이리 비싼지."
조용히 아버지 뒤에 서 있다가
남자가 가장 나중까지 매만진 신발을 챙겨 계산대로 가는
딸아이의 살굿빛 미소를 보았다
오늘은 기분 좋은 날

뛰뛰빵빠아아앙

강변 산책길로 내려가는 중이었다
"엄마, 꽉 잡아!"
비스듬한 길 초입에서 오십을 훌쩍 넘긴 듯한 남자가 다

정하게 소리친다
   휠체어에 앉은 자그마한 노모는 귀가 어두운 듯
   아들 쪽으로 귀를 열고 옹알이하듯 입술을 오물거린다
   아들이 단단히 잡고 있으니 등 뒤가 바닥이라는 듯
   편안한 얼굴로 손잡이에 힘을 준다
   꽉 잡으랬으니 잡아야지 아들 덜 힘들게
   그런 마음이 곧장 읽히는 얼굴
   "가자, 엄마! 뛰뛰빵빠아아앙!"
   오, 오늘은 기분 좋은 날

   # 초록초록 시간

   아파트 공터에서 아이들이 놀고 있다 일곱 살 여덟 살 혹은 아홉 살
   공을 든 아이가 외친다
   "엄마가 4시에 비 올지도 모른댔어. 빨리 공 차자!"
   아이들이 초록초록 반짝거린다
   "어서 공 차야 돼!"
   지금은 3시 20분

"우리 빨리 공 차자!"
그래 그렇겠네 어서 공 차야지 시간을 탄생시켜야지
오오, 오늘은 기분 좋은 날

 # 오늘 내가 만난 우연들은 아름다웠다

번데기를 벗고 막 날개를 편
나비, 나비, 나비들을 본 것처럼
찰랑거리는 무지개 링으로 줄넘기를 한 것처럼
오오오, 기분 좋은 날
시 쓰지 않아도 시로 배부른 날

달 봐요

작은 동그라미를 좋아해
중심이 없는 작은 모임들을 좋아해
달로
달로
씨앗을 심고
노래를 하고
달 달 무슨 달 씨앗처럼 둥근 달

동그라미와 동그라미 사이는 가까울 수도 멀 수도 있지
수많은 동그라미가 있다는 게 중요해
이 동그라미를 떠나 저 동그라미로
달로
달로
언제든 떠날 수 있다는 게 소중해

가까운 곳을 들여다보면서
우주를 유영하듯 커지는 것도 좋아해
아주 조금만 가지고도
달로

달로
달을 꿀꺽 삼킨 듯 몸속이 환해지는 것도 멋지죠

달 봐요, 당신
당신, 달이 보니
달 달 무슨 달 당신처럼 둥근 달

빈 배로부터

오랜만에 찾은 강이었다. 널판 하나가 강물에 떠 있었다. 뭐가 그렇게 바빴니? 묻는 것처럼 윤슬이 반짝였다. 그러게. 뭐가 그리 바빴길래. 작은 돌을 찾아 싱겁게 물수제비를 떴다. 널판에 물이 튀었다. 좋네, 좋아!

너는 누구지?

글쎄.

노도 닻도 돛도 없는 너는 혹시 배인가?

너는 나를 뭐라 부르길 원하니?

강물에 떠서 이리저리 흘러가는 널판.

그럼 그렇게 불러. 굳이 이름 붙여야 한다면.

노도 닻도 돛도 없이 출렁거리고만 있으니 어느 세월에

강 건너 저편에 도착하려고 해?

  너는 왜 강 저편으로 가려고 하니?

그야 강은 건너라고 있는 거니까.

나는 춤추고 있어.

뭐라고?

나는 여기서 계속 춤추길 원한다고.

가을 강에 떠가는 나뭇잎 배로부터

죽음은 빈 배에 눕는 게 아니란다
빈 배가 되어 떠나는 게 아니란다
처음부터 빈 배라는 걸
알 수밖에 없는 시간에 도착하는 것이란다

벌거숭이 아이들이
햇살과 바람과 꽃과 나비와
눈송이 하나에도 까르르 웃음이 터지는 건
빈 배여서란다

연둣빛이거나 초록빛이거나 노랗거나 붉거나
빈 배
빈 배란다

햇살 따라 바람 따라
현자와 노인 들이 반짝이는 이유란다

한 마을의 시가 태어나는 자리

법의 언어가 아니라
경전의 언어가 아니라
숫자의 언어가 아니라
신화의 언어가 아니라
고유명사를 찬미하는 송가가 아니라
보통명사 하나하나를 고유한 세계로 맞이하려는 태도,
그 따스한 흔들림으로부터

    이곳의 정의는 (평평으로)

밥, 물, 공기, 피, 땀, 똥, 오줌, 씨앗의 말로
궁금하면 묻는 입
하지 않겠다고 돌아설 수 있는 등
그럼에도 열어젖히는 아침놀의 가슴으로부터
걸어서 하루 안에 만날 수 있는 이웃들로부터
한 사람 한 사람의 오늘을 살피는 다정함으로부터

    이곳의 민주주의는 (평평으로)

행복의 기원

바다라 치면 해안에 부서지는 파도의 물방울 한 점
산이라 치면 산기슭 바위에 묻은 흙먼지 한 톨
강변이라 치면 헤아릴 수 없이 많은 모래알 하나
사막이라 치면 생겨났다 곧 사라질 바람 자국

한 점 물방울이 없다면 그 바다가 없고
한 톨 흙먼지가 없다면 그 산이 없고
모래알 없는 강변도
바람 자국 없는 사막도 없습니다

지금 이 순간 약동하는 티끌 한 점,
나라는 기적

어쩌다 생긴 목숨의 겸허한,
찬란

금방 사그라지는 생명의 불가사의한,
기쁨

찬란, 소녀들
—— 바다가 보이는 학교 도서관을 추억하며

다음 생엔 뭐로 태어나고 싶으세요?

다음 생은 없어요.

…………어…… 그래도…… 혹시 다음 생이 있으면요?

이게 다예요. 이번 생.

…………음…… 우리 '이번 생은 망했어' 이런 말은 하지 않아야겠어요!

아………… 까르르르르르르르르르 ㅎㅎㅎㅎㅎㅎㅎㅎㅎ

네, 친구들. 우리 망하지 말아요. 한 번뿐인 생, 죽을힘을 다해 행복해지자고요. 지지 말자고요. 자신과 친구들을 정성껏 사랑하자고요.

네에에에에에에에에!!

그런데 시인님, 저 진짜 궁금해서 그러는데요. 혹시 다음 생이 있다 치면 되고 싶은 거 있으세요?

음·················· 이끼요.

이끼요?

네. 모든 종류의 이끼가 다 되어보고 싶고, 특히 바위에 붙은 이끼가 되고 싶어요.

왜요? 왜요?

바위에 붙어 자라는 이끼들은 바위를 사랑하는 느낌이 들거든요. 애고, 애쓰네…… 하고 바위와 이끼가 서로 어루만져주는 느낌도 들고요. 무엇보다 이끼들의 미묘한 녹색이 좋아요. 뭐라 규정하기 어려운…… 아스라한 먹구름 같은…… 그런 녹색의 생산자가 되고 싶어요.

어………… 요약하면………… 미묘한 사랑의 생산자?

와아아아아아아아앍앍앍, 서머리 짱! 미묘한! 사랑의! 생산자! 이○○, 천재다!
　꺄르르르륵, 여러분도 짱입니다! 이끼 시인님도요!

어떤 날

마음 어딘가를 씻겨주기 위해 비가 온다고 생각하는 날이 있습니다

비의 입장에선 어이없는 노릇일 수 있지만

사람의 남루를 모른 척하는 일만으로도 퍽 고단할 테지만

비는 내색하지 않습니다

모른 척하는 게 상대를 위한 일이 될 때가
사람들 사이에 종종 있는 것처럼

비는 그냥 옵니다
처음인 척
모르는 척 옵니다

모른 척할 수 없어 모르는 척
일기장에 적어봅니다

비님 오심

새야

천변 산책길
가족과 함께 있는 아주 작은 아이
아장아장 뒤뚱뒤뚱 어색하게 걷다가
"새야!"
소리친다 때마침 날아오른 백로를 가리키며

새야, 새!

그래, 새야.

새!

새라는 말—
공중을 가르며 한 획 공기의 붓질로 태어난 듯한
그 틈새로 맑은 바람이 순식간에 뿜어져 나오는 듯한

뺨이 빨개지도록 새를 부르는
아이를 따라
내 깊은 어딘가에서

처음인 듯 숨이 새 나온다

새!
새다!

• '새'라는 말로 새를 담아준, '새'라고 처음 발음한 이와 그에 동의한 이 땅의 조상들에게 감사한 날이었다.

2부

손을 보는 슬픔

1

오후 2시의 햇빛, 덜컹거린다

인간이 손에 쥐고 살아온 것들을 헤아려본다

도끼, 창, 칼, 활, 곡괭이, 호미, 낫, 삽, 채찍, 총,

인간과 동물 혹은 땅을 향한 무기들

(음, 너무 비관적이군)

조금 따뜻한 것을 떠올려본다

숟가락, 그릇, 펜, 보자기, 책, 가끔은 꽃, 어쩌다 선물,

(음, 조금만 더 떠올려보자)

도시 천사의 노력은 허둥거리다 곧 넘어진다

지금— 눈앞의— 하나 둘 셋 넷…… 스물세 명
그중 스물두 명이 손에 쥔 스마트폰

몸에서 가장 자유로운 부분이 그러쥔 도구로 인해
몸 전체가 부자유하게 구부정해진 인간들을 구경하면서

전철 창밖으로 노란 개나리가 지나간다

손의 자유를 얻은 인간이 도착한 여기는 퍽 스산하군—

도시 기록자 비둘기가 지나간다

2

직립해 손이 자유로워진 인간이 그 손으로 도구를 만들었으므로 인간의 역사가 진화했다고 믿는 부류가 있사오 나……………………………………………………
………………………자유를………………… 얻은 손을………………………어떻게 쓸지 아직 모르오니 …………………………………………………
…………………………………………………………

그래도 더러는 자유로워진 손으로 품고 어루만지고 아끼는 일에 진심인 이들이 있사온데……………………
………………………………………………………… 그 중 어떤 이들이 손을 가지기 이전 네발 동물로 돌아가 들판을 달리고 뒹굴면서 길어 올리는 춤과 노래가 있는지라 …………………………………………………
…………………………………………………………

온몸으로 사랑하고 사랑받기를 원하노라………………
…………………………………………………………
……………………………………………… 이 자발적 퇴화를 어떤 이들은 진정한 진화라 부르기도 하나이다………………………………………………………

시간의 창조자

산길을 걷다 고라니를 만난 적 있다

나와 눈이 마주친 순간 그이는
커다란 빛 방울처럼 튀어
숲으로 사라졌다

그때 보았다

뒷걸음질 쳐본 적 없는 짐승의 온몸이 어떻게 시간이 되는지

환삼덩굴의 노래

섞고 싶어 섞이고 싶어
마음이야 동했으니 이미 섞였고
마음의 핵이라 할 곳을 영혼이라 한다면
일찌감치 영혼도 섞였으나

지금 내가 원하는 건 몸을 섞는 일
몸 섞어 낱낱이 너의 몸을 아는 일
보이지 않는데 아는 척하는 우주 말고
보이고 만져지는 우주를 속속들이 탐색하는 일

섞여야 알지
섞이려 해야 알지
어디가 아픈지
어떻게 서러운지
무엇이 내내 응달인지

목숨 가진 존재가 되어 할 수 있는 가장 좋은 일
태어나면 죽고 마는 생의 법칙을
고귀하게 만드는 유일한 일

섞고 섞이며 사랑하는 일
끝의 끝까지 애써보는 일

너와 나의 아픔
너와 나의 외로움
너와 나의 낭떠러지
섞고 섞인 우리 속에서
아름다움을 발견하는 것이 나의 일

발견할 아름다움조차 야위어간다면
발명해내는 것이 나의 일

미륵의 고독 1

그때 나는 개였다……고 느낀다
아니 풀이었던가……
풀이었다면 개일 수 없었을 텐데, 개에게 말을 걸던
풀의 마음이 익숙하다
그렇다면 나는 뭐였나?
내가 뭐였냐는 게 이제는 중요하지 않지만
거기— 그 장소의 냄새가
사무칠 때가 있다
흙과 먼지와 피와 살과 눈물의 냄새, 그사이로
향긋하게 번지던 가느다란 풀냄새가

1

오른쪽 넓적다리에 창상이 생겼다
크고 작은 상처는 늘 있는 일이니
지나가리라 생각했지만 온몸이 뜨거웠고
이내 상처가 곪기 시작했다

흙먼지 피는 무덥고 아득한 길을 바라보고 있자니
눕고 싶어지더군
걷는 건 일생의 쾌락이었지만
나이 들자 슬슬 고단해지기도 했지
이젠 좀 쉬어도 되지 않겠나

나는 누웠다
처음엔 편안했지
곧이어 고통이 찾아왔다
다리에 뜨거운 부지깽이를 꽂아 휘젓는 것 같더군
상처가 깊어져 번지고 덧나면서
구더기가 끓기 시작했다

단박에 숨이 끊어지는 목숨은 복된 거야
벌레가 끓어 서서히 죽어가는 건 괴로운 일이더군
무너지는 느낌을 견뎌야 하는 거
무엇보다 미치게 근지러운
사각사각……
츱츱츱……

그런데 이상한 일이— 글쎄, 이상하다기보다
예상치 못한 마음이 일어나기 시작했다
고통 너머—
식성에 몰입한 벌레 하나하나가 떠오르면서
어쩐지 마음이 흔연해졌다

이 많은 벌레를 내가 먹이고 있단 말인가!
평생 남의 살을 먹어왔지만
내 살을 먹여본 적은 없으니까

죽음에 이르러서야 빚을 갚는구나
이제 아무것도 죽이거나 훔치지 않아도 되는—
먹지 않아도 되는 세계가 코앞이었다
나는 흔쾌히 받아들였지
사는 동안 퍽 좋았으니까—
아쉬움이 없었다
무엇보다 바로 그 상태—
어린 벌레들을 먹이는 게 좋았어

그래…… 고통 속에서도 뜻밖에 좋더군!

그런데……
풀이……
내 얼굴 바로 옆에서
가느다란 풀이……
바싹 메마른 황톳길에 어찌자고 풀이……
먼지 같은 씨앗에서 생겨났을
이제 막 풀다워진 그 애가

    자려는 거야? 지금?
    나도 곧 잠들긴 할 테지만
    겨울이 오기 전까진 깨어 있을 텐데
    너는 멈추려는 거야? 지금?

    그러지 마
    멈추면 차가워진다고!

    너도 알다시피 낮은 더위도 밤은 춥잖아

여기는 풀이 살기엔 너무 메마른데
나는 싹 터버렸고
태어나 지금까지 너처럼 따뜻한 것이
내 옆에 이렇게 바싹 붙어 있는 건 처음인데

잠들겠다고?

그러지 마
부탁이야

2

풀의 말은—
모호하고도 신선한 의지를 부추겼는데
그러니까—
풀과 함께 있고 싶은 마음이……
그래 분명 그런 마음이 일어난 것이다

그러려면 살아야 할 텐데
아 너무 멀리 와버렸나?
움직여보려 해도 꼼짝할 수 없었어
구더기들을 털어내보려 해도 힘이 없었지
이대로라면 잠들 수밖에 없겠는걸
살려고 마음먹었는데 죽음에 더 가깝다는 건─
어쩐지 좀 쓸쓸했지만
사각사각……
츱츱츱……
벌레들의 순수한 식성에 집중하자
기분이 훨씬 나아졌지
풀아, 미안─
너무 늦은 것 같아
그런데─
너는 죽음을 아니?

  나는 자주 죽어!

  그래서 지금은 네가 죽지 않으면 좋겠다고!

그가 다가온 건
그때였다
해진 가사(袈裟)를 걸친 수행자—

풀이 내게로 몸을 기울이며 속삭였다

    나는 저이를 알아

    풀은 상상할 수 없이 많은 씨앗으로 흩어지니까
    드넓은 세상의 거의 모든 이야기를 공유하지
    바람이 가는 곳이면 어디든지 가는
    우리는 풀이니까

    나면서 우리인…… 우리는……

    오랫동안 봐왔어 저 수행자를
    인간은 탐욕스러워서 대체로 볼품없지만
    아름다운 인간들이 드물게 있지

저이는 무지의 잠에서 깨어난 자
샤키아무니 붓다의 제자야
세상 모든 존재에게 한없이 다정했던―

3

경전에 정통했지만 충만하지 않았네
세상에 바라는 바가 없었으나
마음 깊은 곳
미륵보살의 친견을 발원했네

사원을 떠나 산속 동굴에서 수행한 지 3년
아무런 응답이 없었네
동굴을 떠나 걷다가 한 바위를 보았지

작은 새들이 날아오를 때마다 날개를 부딪혔는데……
그로 인해 바위가 움푹 파여 있었네

나는 동굴로 돌아갔지
다시 3년이 흘렀으나 응답이 없었네
동굴을 뛰쳐나와 걷다가 또 다른 바위를 보았지

위에서 물방울이 톡톡 떨어지고 있었는데……
그로 인해 바위에 깊은 구멍이 나 있었네
나는 동굴로 돌아갔지
다시 3년이 흐르고
나는 떠났네 마지막이라고 생각했지

길에서 한 노인을 만났네
뭉툭한 쇳덩이를 바위에 갈고 있더군
— 친구여, 무얼 하고 계시오?
— 바늘을 만들고 있다오
노인은 만들어둔 세 개의 바늘을 내게 보여주었네
나는 동굴로 돌아갔지
다시 3년이 흘렀지만

아직도 그분을 만나지 못했어

12년의 세월을 보내고도……

우뚝 선 채로 그가 한숨을 내쉬었다
어디로 갈지 방향을 정하지 못한 것일까?
아니었다
그는 나를 보고 있었다
늙은 수행자가 나를 보며 눈물을 흘렸다
풀이 속삭였다

> 우리는 알고 있어 — 인간의 눈물은
> 대체로 무해하고 자신을 위해 유용하지
> 그런데 때로
> 스스로에게는 조금도 유용하지 않은 눈물을……
> 아프게 흘리는 이들이 있지
> 바로 지금 이런 눈물……
> 이것은 좋은 소식……

그가 내 곁에 무릎을 꿇고 앉았다
그가 내 눈을 들여다보았다

그가 내 목덜미를 쓰다듬었다
그의 눈에서 계속 눈물이 흘러내렸다

그가 내 몸에서 구더기들을 떼어내기 시작했다

그가 손길을 멈추었다

나는 느낄 수 있었다
그의 손길에 터져 죽는 벌레들 때문에
그가 또 눈물 흘리고 있다는 것을

스스로에게는 조금도 유용하지 않은 눈물을
아프게……
아프게……

4

잠시—

사라졌던
그가 돌아왔다
그가 내 앞에 발우를 놓았다
당신은 이것을 구하러 갔었나?
풍겨오는 음식 냄새를 맡자
어쩌면 풀의 곁에 조금 더—
겨울이 올 때까지 있어줄 수 있을 것 같았다

기운을 내어 그릇에 입을 대려는 순간이었다

그가 칼을 꺼냈다

그가 자기 허벅지에서 살점을 도려내었다

그 순간 피냄새
흙과 먼지 냄새
썩어가는 내 살과 방금 베어낸 신선한 살냄새가 뒤섞이고
벌레들이 요동을 멈추었다

그가 몸을 구부려 왔다

그가 벌레들을 핥아
베어낸 자신의 살점 위로 옮겼다

그 순간—

빛이 폭발했다
빛 방울들이
빛 방울들의 강물이
빛 방울들의 강물이 폭포수처럼
나와 풀과 그가 함께 앉은 메마른 길의
동서남북을 감싸며 눈부시게 터져 나왔다

흰—
환하디환한—
빛의 폭포 속에서
그가 소리쳐 물었다

"미륵이시여, 왜 이제야 오십니까?"

흰—
환하디환한—
빛의 강물이 그를 감싸안고 흘렀다

나는 늘 그대와 함께 있었다
나는 늘 그대를 보고 있었다
나는 늘 그대에게 손 내밀고 있었다

● 인도의 불교 사상가 아상가(Asaṅga, 無着, 4세기)는 다리가 구더기들로 뒤덮여 고통받는 개를 보고 구더기들을 혀로 옮겨 개와 구더기들을 모두 살렸다고 전해진다. 이보다 앞선 시대의 나가르주나(Nagarjuna, 龍樹, 2~3세기)는 길을 걷다가 더러운 물웅덩이에 빠져 죽어가는 벌레를 보고 자신의 허벅지 살을 베어낸 뒤 혀로 벌레를 옮겨주었다고 전해진다. 모든 생명에 대한 평등사상, 자타불이(自他不二), 대자대비(大慈大悲), 공(空)을 실천한 일화들이다.

미륵의 고독 2

                                        그가 떠났습니다
떠났다—고
나는 말하지만—
네, 이렇게 말할 수는 있습니다
하지만 나는 알고 있어요
곁에 있던 누군가는
떠나지 않습니다
떠난 뒤에도 무언가는 남고—
나는 그것을 미래라고 불러야 한다는 걸
압니다

나는 그가 얻어다 준 미래를 먹고 기운을 차렸어요
풀이 원하는 따뜻한 것—으로
풀 곁에 조금 더 머물 수 있어 고마웠지요

풀과 나는 가끔 그를 떠올리곤 했습니다
떠나기 전 그는 빛의 강물을 향해 묻고 또 물었지요
"지난 12년간 정말 내 곁에 계속 있었단 말입니까?"
빛 방울들이 미소 지으며 끄덕였지만—

그는 의심했습니다
그의 얼굴엔 기쁨, 슬픔, 갈망이 함께 있었지요

그가 빛의 강물을 어깨에 두르고 저잣거리로 떠난 뒤에
풀의 혈육들이 전해온 이야기를 가끔 들었습니다

  ── 내 어깨에 올라앉은 미륵이 보입니까?
  ── 나를 보고 있는 미륵이 보입니까?
  그가 저잣거리 사람들에게 물으며 돌아다녔대
  어떤 사람은 그의 어깨에서
  미륵불의 형상을 보기도 하고
  어떤 사람은 축 늘어진 개를
  어떤 사람은 풀 한 포기를 보기도 하고
  어떤 사람은 아무것도 보지 못한대

겨울이 왔습니다
풀이 떠날 시간이었고
우리는 편안하게 작별했어요

풀이 떠난 뒤 남은 미래를
나는 알뜰하게 마저 살았습니다

남은 사흘 동안
하루는 웃으며 풀을 떠올렸고
하루는 나를 위해 울던 그를 떠올렸고
마지막 날엔
투시타*를 생각했습니다

미륵의 거처—
그러므로 비어 있는 곳
비어 있을 수밖에 없는 곳

내 미래의 마지막 순간이
완전히 비어 환하였습니다

* 도솔천(兜率天)이라 음역하기도 하는 투시타(tuṣita)는 미륵보살이 성불을 기다리는 장소이다.

상사화로부터
── 무릎을 안고 우는 그대에게

슬픔이 깊으면 무릎이 꺾인다고
바람이 전하는 거기

무릎엔 얼굴이 있어요
지켜주고 싶은 얼굴이

무릎이 꺾인 자는 그러므로
무릎을 짚고 일어납니다

벼랑 끝 나무로부터 배운 운명론

발 딛고 선 이곳이 운명이라는 건
어디서든 의지로 나를 지킨다는 것

당신이 내 운명이라는 건
내 의지로 당신을 지킨다는 것

그러므로 운명은 없다는 것

벼랑을 부둥켜안은 허리 굽은 소나무

새파란 겨울 하늘 속으로
번지는 만트라

自在 自在 自在 自在 自在……

밤의 여로

이 고통을 얼마나 더 매만져야 하는지
매만질 수 있는지
그리하여 이 고통을 통해 아름다워질 수 있는지

아무도 모른다

절벽을 끌어안고 절벽이 된 마음
절벽인 채 절벽 끝으로 온몸을 밀고 가려는
폭발하려는

오오, 붉디붉게 터져 나오는 어떤 마음
마침내 시원히 환해지려는 어떤 마음

너무 마음 끓이지 마요

문득 말해놓고 내 마음이 끓는 것
마음 끓었던 날을 추억하는 마음이
아득하고 아늑하다는 것
맥동의 느낌이 든다는 것
그러니 마음 끓일 수 있다는 건
퍽 괜찮은 일인 듯해

돌이 끓듯 바람이 끓듯
햇빛이 자글자글 끓듯

그대는 또 무엇을 끓여보았나?
마음의 어디까지 끓여보았나?
어디까지……
끓이다……
놓쳐보았나?

시인은 이쪽에 한 청년의 꽃잎을 놓을 텐데

국가가 천칭의 오른쪽에 황금 법전을 올리면
시인은 왼쪽에 장미 봉오리를 올리지요

그딴 걸로는 턱도 없다고 만인이 비웃겠지만
시인은 시인의 일을 합니다

  장미 곁에 꽃마리, 딱지꽃, 발 하나를 잃어버린 나비, 다친 나비 곁에 수레국화를 놓아주는 어린 손에 대해 쓰고
  첫 비행을 연습하는 오목눈이, 보도블록 사이를 뚫고 자라나는 풀, 풀뿌리를 웃게 하는 지렁이, 색깔에 이름 붙이지 않는 사람들에 대해 쓰고
  추상명사를 부수는 망치에 대해, 제비갈매기와 담쟁이가 만드는 뜻 모를 그림들, 지시하는 문자 없는 세상의 평평함에 대해
  쓰고 씁니다

법전의 문자보다 한없이 쓸모없고 가벼운 문자로
문자를 넘어서고 싶은 문자로
문자를 넘어서야만 하는 숙명으로

체제와 자본이 왼쪽에 화사한 미래의 부를 올리면
시인은 오른쪽에 오늘의 검은 슬픔을 올리지요

냉동고의 타오르는 비, 피 묻은 빵, 돈 없고 힘없는 착한 사람들이 깔려 죽고 끼여 죽고 불타 죽는 오늘의 지옥에 대해

오늘은 오늘은 오늘은

특성화 고등학교를 졸업하고 제지 공장에 막 취직한 열아홉 살 청년입니다
2인 1조 규칙이 지켜지지 않는 공장
신참 청년 혼자서 기계를 점검하러 설비실에 갔습니다
돌아오지 못한 그의 수첩엔 또박또박 손 글씨가 남았습니다

인생 계획 세우기!!
1. 다른 언어 공부하기
2. 살 빼기
3. 내가 하고싶은게 무엇인지 생각해보기
4. 편집 기술 배우기
5. 카메라 찍는 구도 배우기
6. 사진에 대해 알아보기
7. 악기 공부하기
8. 경제에 대해 공부하기

1. 다른 언어 공부하기
- 일본어, 영어 등등
 - 관련된 언어 공부책 사기
   - 인강같은게 있나 찾아보기
   - 얼마 안에 마스터 할건지 독학기간 정하기
2. 살 빼기
- 목표 체중 정하기
 - 운동 루틴 정하기
   - 운동후기 라던지 그런것들 찾아보기
3. 내가 하고싶은게 무엇인지 생각해 보기
- 여행하면서 그 순간을 사진으로 남기는 것
4. 편집 기술 배우기
- 편집에 관련된 책 사서 공부하기
 - 직접 영상 찍고 편집 해보기

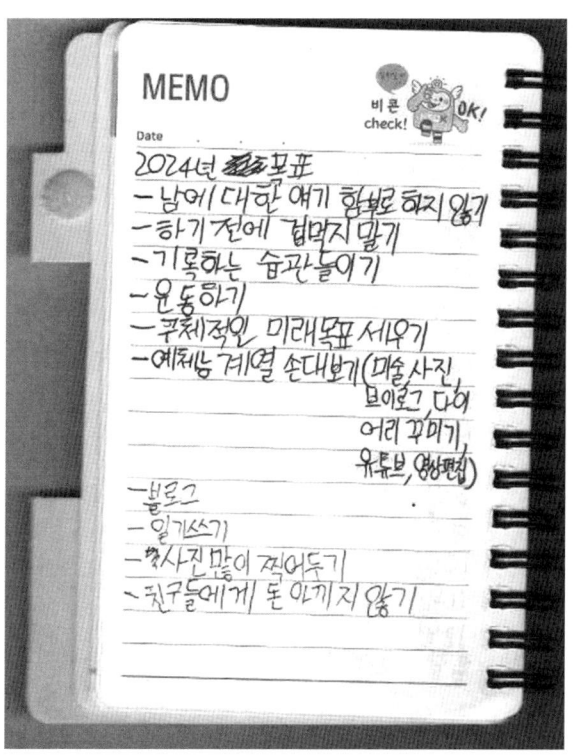

삶을 사랑하려는 분투,

평평(쭈쭈)을 향한 본능,

자유에의 의지,

아낌의 감각,

시입니다

청년의 시로 시인된 오늘입니다

시인이 청년의 시를 고이 들어 천칭 위에 올립니다

이쪽으로 이쪽으로 부디 이쪽으로
평평으로 평평으로 부디 평평으로

● 김창효 기자, 「제지공장서 숨진 19세 청년, 수첩엔 못다 이룬 꿈 빼곡」,
『경향신문』 2024년 6월 24일 자 참조.
●● 유족의 허락을 받아 故 박정현 님의 노트 일부를 사진으로 싣습니다.
건강했던 19세 청년이 입사 6개월 만에 유독가스(황화수소)가 배출되는
현장에서 숨졌으나, 1년이 지난 지금까지도 산재 승인이 나지 않았습니다.

아무도 아닌 자의 장미*

1

내 오랜 조상이 인간과 함께 사냥한 고기를 나누어 먹던 때,
함께 일하는 동료였던 그때만 해도 인간의 말은 들어줄 만했어요
인간에 의해 내 종족이 사고 팔리게 됐을 때,
그들의 말은 옛날과 아주 달라졌죠

"가볼까? 오늘은 좀 천천히 달리자. 숨이 많이 차는 날이야."
이 말은 밀려나 명령어가 되었죠
"가! 청둥오리를 물어 와."

우리 종족이 애완의 삶을 살게 된 뒤,
인간의 명령어는 모세혈관처럼 피부에 달라붙었죠

"손!"
비록 사랑을 확인하려는 표현이라 해도

네가 나를 사랑하지 않으면 나는 너를 버릴 수도 있어
이런 갈피를 품고 있다면

"손!"
인간 곁에서 잘 지내는 개가 되기 위해선 교육이 필요해
교육은 사회화이고 사회화는 돈을 주고 나를 산 인간만을 하염없이 바라보고 그가 주는 것을 먹고 그의 손에 이끌려 목줄을 차고 산책을 가고 그가 없으면 아무것도 하지 못하는 존재로 순하게 순하게 오로지 그를 사랑해야 하는 일이라면

…………그것이 사랑인가?

2

나는 두 번 버려졌던 개
태어나자마자 팔려 인간을 따랐지만

나는 나를 버리지 않은 개
아무것도 아닌 존재이지만
아무것도 아닌 것이
아닌
개

3

길, 꽃, 풀, 구름이 나에게 지혜를 주었죠
뜨는 해와 지는 해, 뜨는 달과 지지 않는 달, 뜨지도 지지도 않는 별들이
내 마음을 어루만져주었죠
가끔 만나게 되는 친절한 인간들도

이제 나는 인간의 말 중에
호출과 지시의 말이 아니라 표현과 조율의 말도 있다는 걸 알 정도로 나이가 들었습니다

4

　지금 나와 사는 이는 자주 시를 읽어주는 다정한 인간,
　　말의 노예로 인생을 탕진하고 싶지 않다고 서울을 떠나온 서른두 살 농부,
　　이제 대도시의 인간에게 아무것도 아닌 자가 된
　　소중한 내 친구

　그가 시를 읽어주면 나는 귀 기울여 다 듣고서 나의 말을 합니다 뺨에 뺨을 대어준 뒤 가만히 눈을 바라보지요 꼬리로 박수도 쳐주고요 손을 잡아주기도 하고 얼굴을 핥아주기도 합니다

　나는 시의 말을 듣는 걸 좋아하는 늙은 개

　들으면 바로 알 수 있죠 시가 자유의 말이라는 걸
　　그와 함께 있을지 잠시 혹은 영영 떠날지조차 내가 결정하면 된다는 걸요

5

　오늘 내 친구는 아무도 아닌 자에게 바쳐진 시를 읽어주었습니다
　점심을 맛나게 먹고 난 다음이었죠

　"오 당신이 파고, 나도 파네, 나 자신을 당신에게로 파묻네, 우리 손가락에 반지가 깨어나네"*

　왜인지 모르겠어요 왜 내 눈에서 눈물이 차오르기 시작했는지

　햇살이 꿀처럼 흘렀고요 풍뎅이가 붕붕 날았고요
　새들의 노래가 간간이 섞였고요
　흙 마당 언저리엔
　개미들의 놀이터가 된 장미가 흐드러지게 피었고요

　오 나는 어쩐지
　이제야말로 사랑을 알게 된 것 같습니다

흙과 바람과 새와 나의 친구, 나의 친구여

* 파울 첼란, 『아무도 아닌 자의 장미』, 제여매 옮김, 시와진실, 2010.

달 봐요 2

깜깜 어둠이네요
싹 틔울 준비 하는 씨앗을 생각하는 밤이고요
고적하고 충만한데 어쩐지 두근거리고
아닌 것 같지만 어쩐지 불안하고
기대도 의심도 들키고 싶지 않지만 자신에겐 결국 들키고
그때마다 기우뚱 핏물이 도네요

달 봐요
아주 작은 나비가 호오 부는 입김인 듯
여리고 얇은 습기가 가만가만 스며올 때
눈물을 알지 못해도 눈물이 날 것 같은 그렁그렁함
씨앗의 고독을 생각하는 밤이네요

달 봐요
그렇다고 싹 틔울 준비를 안 하는 쪽이 낫겠느냐 하면 그건 또 아닌걸
그도 알고 그를 모르는 그도 알지요
가혹하고 애달파서 이렇게 어여쁘고요

그러니 달 봐요
두근두근 둥근 씨앗 같은 달
빙하기를 견딘 알뿌리 같은 달
오늘은 아무 일도 하지 말고
우리 그냥 달 봐요

늑대 발목

여자의 가슴팍에서 바싹 마른 흰 발목이 흔들렸다
남자가 그것을 소중히 감싸 쥐고 여자의 이마에
입을 맞추었다

흰 늑대를 보았어요
아니, 그를 보았다는 게 아니라 발목을

그를 지켜주던 어둠이 지쳐갈 때
덫과의 사투를 문득 멈추고
발목을 응시하는 거친 숨소리

마침내 덫 안에 발목을 남긴 채
핏빛 여명을 향해 절뚝이며 사라지는 자유를

아무도 보지 못한
아무도 보지 못할
그가 생생했어요

새로 태어나고 싶은 심장이 박동했습니다

그날 밤 우리는 떠났지요

자기 발목을 끊어내고 스스로를 지킨 자를 따라
자신이 멈춘 곳에서 죽기를 원한 자유인이 되어

그의 발목을 품고 우리는 보호구역을 벗어났습니다

   숲과 계곡을 가득 채우는 늑대의 하울링

한때 누구나 볼 수 있었지만
이제는 누구도 볼 수 없게 살기로 했습니다

   그날 이후 누구도 보지 못했다

   발 하나가 없는 늑대와
   늑대 발목을 품은 두 명의 체로키를

독각, 또각또각
— 하나로 와서 홀로 가며

새 하나 온다
늑대 하나 온다
코뿔소 하나 온다
문어 하나 온다
거북 하나 온다
매미 하나 온다
하루살이 하나 온다
지렁이 하나 온다
멧돼지 하나 온다
소 하나 온다
개 하나 온다
사람 하나 온다

   *

하나의 의미가
홀로 되었을 때

곁이 생길 만큼

홀로
홀로

글썽글썽하게
글썽글썽하게

하나가 다른 하나를 부축하며 갑니다
먹을 것을 떠먹입니다
발을 주무릅니다
부리와 날개를 쓰다듬습니다

되었습니다 왔다 가는 이유가

충분합니다 그렇게

　　　　*

나비 홀로 간다
고양이 홀로 간다

청둥오리 홀로 간다

펭귄 홀로 간다

기린 홀로 간다

곰 홀로 간다

고래 홀로 간다

꺽지 홀로 간다

사마귀 홀로 간다

코끼리 홀로 간다

뱀 홀로 간다

사람 홀로 간다

• 獨覺.

겨울나무에 얼음 세포가 자라는 이유

온몸의 떨켜들, 창을 내린다
잎새들 기억, 침묵으로 응결된다
숨구멍들, 닫는다 닫아 건다

꿈틀거린다, 세포와 세포 사이
세워진다, 얼음의 방

고독으로 고독을 이기는 열반
죽음으로 죽음을 견디는 선정(禪定)

사람의 나라에서 왕이 되지 말아라
너의 나라에서 너 자신이 되어라*

               *

경칩 지나 연노란 가지들 흔들린다
온몸의 창들, 다시 열린다

얼음의 방, 녹는다

녹아 흘러간다, 피처럼
우듬지로

겨우내 품었던 얼음의 깃발
나부낀다,
나부낀다, 기화한 강물처럼

왕의 나라에서 사람이 되지 말아라
사람의 나라에서 사람이 되어라

* 위구르 격언.

무화과

꽃을 먹으면서
내가 먹는 것이 꽃이라고 생각하지 않았다

(꽃은 나에게 말하지 않는다
세계는 말 대신 꽃을 키웠으므로)

꽃받침 통째로 먹으면서
내가 먹는 것이 과일이라고 말해왔다

(꽃은 나의 오해에 관여하지 않는다
아름다움이 말을 여의게 했으므로)

말과
돌과
금과
총알과
포탄이
뒤섞인 하늘 아래에서
너무나도 똑똑해진 사람들이 살아간다

꽃을 들고서
꽃이 없다고

꽃을 먹으면서
꽃이 보이지 않는다고

글라스하모니카를 위한 아다지오와 론도*

바람은
바람이 지나간 자리에 대한 기억 아닙니까?

호수의 파문은
돌멩이와 물방개와 오리가 지나간 자리에 대한 기억 아닙니까?

파문은 가라앉은 돌보다 오래 지속되지만
결국 조용해지고
또 다른 기억이 시작될 테지요

나는 다른 얼굴로 이렇게 말하려고 합니다

사랑은 사랑하려 한다 거의 영원히

손안에서 따뜻해진 회중시계
발자국으로 만든 눈밭 위 커다란 하트
다양한 음악이 나오는 기다림들

당신과 함께한 기억들을 사랑이라 믿는 순간에도
사랑은 사랑하려 합니다 거의 영원히

무한히 해맑은 이 욕망을
나는 기억의 시작이라고 부릅니다

* 「Adagio und Rondo K. 617」. 모차르트가 세상을 떠난 해에 작곡한 그의 마지막 실내악곡.

3부

축 생일

오늘은 달이 살찌는 날
발바닥이 통통해지는 날
배꼽이 볼록해지는 날
두 주먹을 꼭 쥐게 되는 날

뜁니다
뜁니다

온몸의 땀구멍에서
잘 익은 햇살이 흘러나올 때까지

축 배꼽의 날
　하하하, 오딧빛 멍!
축 탯줄의 날
　하하하, 햇빛의 싹!

뜁니다
뜁니다
뜁니다

배꼽에서 탯줄이 자라
엄마에게 닿을 때까지

엄마
── 꽃이 아름다운 이유

꽃을 너무나 좋아한 사람
내년 봄에 꽃을 볼 수 있을까?
그 힘으로 겨울을 건너던 사람

예순에 처음 쓰러진 그녀는 조금씩 어두워졌지만
일흔 무렵부턴 어두워진 것조차 깜빡깜빡 잊었지만
여든 넘자 아주 캄캄해질 때가 많았지만
꽃만 보이면 웃었다
꽃만 보이면 손을 내밀어 품으려 했다
꽃만 보이면 틀니를 뺀 오목한 입을 방긋거리고
꽃만 보이면 서럽던 눈초리가 상긋해졌다

자기 심장을 꺼내 어딘가에 던져두었다가 별안간 만난 것처럼

꽃만 보이면

*

엄마, 도망가!

비겁한 말이었다

어린 우리를 두고 엄마가 결코 떠나지 않을 걸 알았기 때문에 그렇게 말할 수 있었다

*

"우리 시인 딸! 내 딸!" 자랑스러워하다가도
홀연히 어딘가 다녀온 얼굴로
"누구……세요?"
묻기 시작하던 무렵

    엄마는 꽃이 그렇게 좋아?
    응……
    왜 그렇게 좋아?

꽃…… 싫어하는 사람도 있나? 그런데 말이다
으응?
꽃은……
응, 꽃은
겁이 없어
　이 세상에 내가 아는 것 중에 제일로 겁이 없어

　　　　　　　　＊

꽃이 아름다운 이유

　　　　이정희

꽃이 아름다운 이유는
겁이 없기 때문이다

찢기기 쉬운 연약함을 겁내지 않고
가난을 겁내지 않고

아무것도 아닌 것 같은 순간들을 겁내지 않고
미움당할까 봐 겁내지 않고
사랑받지 못할까 봐 겁내지 않고
끝끝내 사랑하게 되는 걸 겁내지 않고
그냥 사랑하기 때문이다

때가 되면 용감하게 피어나고
때가 되면 용감하게 져버리기 때문이다

*

아흔 넘은 엄마가 강보에 싸여 꽃나무에 매달려 있다

엄마의 배꼽

　　　　　　　　금자동아 은자동아 우리애기 잘도잔다
　　　　　　　　금을준들 너를사며 은을준들 너를사랴
　　　　　　　　자장자장 우리애기 자장자장 잘도잔다

죽음은 자연스럽다
캄캄한 우주처럼

별들은 사랑스럽다
광대한 우주에 드문드문 떠 있는 꿈처럼

응, 꿈 같은 것
그게 삶이야

엄마가 고양이처럼 갸릉거린다
얄브스름한 엄마의 숨결이
저쪽으로 넓게 번져 있다

아빠가 천장에 나비 모빌을 단다
무엇이어도 좋은 시간이 당도했다

*

엄마는 많이 잔다
걸음마를 배우기 전 아기처럼

자다가 깨 배고프면 칭얼거리고
아기 새처럼 입 벌려 죽을 받아먹고
기저귀 가는 손길을 귀찮아하다가도
아기용 파우더 냄새가 퍼지면 좋아한다

아빠가 외출하면 악다구니를 쓰며 울고
아빠가 돌아와 손잡아주면 평온해진다
돌보는 손길에 예민하게 반응하고
가끔 축복을 전해주듯이 눈을 맞춘다

그리고 잔다
평생 잠이 모자랐던 사람처럼
자고 자서 모은 힘으로 어느 날 훌쩍 저쪽으로 건너가려

는 듯이

                     *

나는 이제 엄마의 저쪽을 두려워하지 않는다

마르고 작고 가볍지만 무거운
아흔두 해를 살아온 육체—
해 진 뒤 지평선 너머에서 번지는 희미한 빛 같은 엄마를 만진다
바라본다
냄새 맡는다

세상에 태어난 지 얼마 안 된 아기를 만지고 바라보고 냄새 맡듯이

어딘가를 향해 막 태어나려는
우리의 소중한 아기—

기저귀를 갈고 이불귀를 여민 동생이 엄마의 뺨에 뽀뽀하고 말한다
— 언니, 엄마가 우리에게 주는 선물 같은 시간이다, 그치?

*

여든 넘어 엄마는 요양원에 갔다
여든 넘은 아빠가 울며 말했기 때문이다
— 나도 이제 힘에 부치는구나

엄마를 보내놓고 아빠는 매일
요양원으로 산책을 갔다
요양원에서 엄마는 잘 지내는 것 같았다
아빠를 보면 엄마는 이 말부터 물었다
— 바브어 자여어?
목 근육 조절하는 법을 잊은 엄마의 말을 아빠는 바로 알아들었다.
— 밥 자셨지, 내 걱정은 마시게
자식들은 다 잊어먹고 오직 아빠만 기억하는 엄마를

우리는 사랑꾼 여사라고 불렀다
    평생 고생시킨 아빠가 여전히 저렇게나 좋을까?
    진절머리 나게
    진절머리 난다! 그거 엄마 십팔번이었지
    결혼 전에 아빠를 딱 한 번 봤는데 맘에 쏙 들었다잖아
    허접한 남자를 중신 선 거면 중매쟁이 발모가지를 분질러버리려 했다며
    엄마 성질이면 진짜로 발모가지 날아갔겠지
    아빤 인물 덕에 엄마 사랑을 평생 받은 거야 이놈의 외모 지상주의!
까르르거리는 딸들의 핀잔을 들으며 아빠는
엄마의 사랑을 평생 받는 유일한 남자로서 으쓱대었다

                  *

여러 번의 봄이 밀물지고 썰물 졌다
봄이야, 엄마! 꽃 보러 가자!
돌아오는 봄마다 처음인 양
봄의 몸을 어루만지던 바람의 뼈들이

사금처럼 바수어져 흩어져 간 세월이라고 할까
야금야금 육신을 헐어 어디 먼 곳
새로 태어날 시간의 피륙을 짜온 세월이라고 할까

코로나 팬데믹이 끝나갈 무렵
엄마가 병원으로 이송되었다
아빠가 울며 말했다
— 요양원에 보내는 게 아니었어 내가 잘못했다
　　임종은 집에서 해야지
　　내가 곁에 있어야지
입원 한 달 만에 엄마가 집으로 돌아왔다
한 여자의 사랑을 분에 넘치게 받아온 한 남자가
드디어 어른이 되기 시작했다

　　　　　　　　　＊

엄마는 무사히 봄을 넘겼고
여름을 건너고 있다

*

동생 집 화단에 수국이 피었는데
열두 살 조카 서연이가 수국을 바라보다가 말했단다
── 엄마, 이 꽃 할머니께 가져다드려야겠어

오늘은──
열두 살 소녀가 아흔두 살 여자와 놀고 있다
수국 한 송이, 꽃잎 하나하나 뜯어
할머니 이마 위에 총총히 꽃 띠를 만들어 준다
다시 수국 한 송이, 턱을 괴고 가만히 들여다본다
아기처럼 쌔근대는 할머니와 눈을 맞춘다
검버섯 가득한 손등을 가만가만 쓰다듬으며

엄마의 방 안에 알 수 없는 투명함이 가득하다
── 우리 열두 살 무렵엔 어땠을까?
── 지금 우리가 그때 엄마 나이네!
어느새 오십대가 된 동생과 내가 웃는다
나뭇잎 한 장 속에 나무 한 그루가 온전히 들어 있는

일생의 어떤 신비에 대해 생각하면서

엄마, 우리 모두의 소중하고 고마운 아기—

금자동아 은자동아 우리애기 잘도잔다

가만히 내 배꼽을 만져본다
가만히 엄마의 배꼽을 만져본다

금을준들 너를사며 은을준들 너를사랴
자장자장 우리애기 자장자장 잘도잔다
지나가는 바람님아 발뒤꿈치 들고가렴
자장자장 우리애기 자장자장 잘도잔다

시에 나오는 사람

여섯번째 시집 출간을 축하하러 식구들이 모인 날
조카들이 시를 한 편씩 낭독했다
아홉 살 서연이 등장하는 시를 보고 일곱 살 태열이 부러워하며 말했다
— 이모, 나도 시에 나오는 사람이 되고 싶어요!

그날 이후 태열이 가끔 물었다
— 이모, 저는 언제 시에 나와요?
시에 나오고 싶은 일곱 살의 마음이 신비롭고 한없이 귀했지만
선뜻 시가 찾아오지 않았다

그사이 엄마가 요양원에서 집으로 돌아오고
그사이 태열이 열 살이 된 봄날

— 할머니, 내가 손 주물러줄게요
말갛게 불을 켠 듯한 연둣빛 새잎이
아흔두 해를 살아낸 고목 곁에서 조물락조물락 살랑거리다

하품하며 침대로 올라간다
앙상한 할머니 곁에 곁을 붙이고 금세 잠든 아이의 얼굴
이뻐라, 노소미추의 경계가 없는 눈부신 천진

마침내 태열은 시에 나오는 사람이 되었다
늙음을 질병으로 여기는 수상한 시대
늙고 병든 사람의 손을 쓰다듬다가
곁에서 함께 쌔근쌔근 잠드는 게 아무렇지 않은
그런 숨결이 시의 일이라는 듯
그렇게 시가 되었다

여명

1

2023년 9월 9일 오전 3시 30분

엄마가 태어나기 시작했다

무한 가능성의 세계를 향해

2

나는 슬퍼할 이유가 없다는 걸 알면서 슬펐고

한없이 사무쳤으나 마침내 슬프지 않았다

염습실 침대에 누운 차가운 엄마의 뺨에 뺨을 부빌 때
입맞춤을 드릴 때
사랑의 말을 전할 때

마지막이 아니라는 느낌이 분명하게 들었다

애야, 나는 가볍구나, 아아, 가볍구나

태어나기 위해 흩어질
엄마의 목소리가 벌써 멀리까지 가 있었다

3

엄마가 떠난 지 1년

그사이 나는 때때로
나의 마지막을 어떻게 말하게 될지 생각해보곤 했다

마지막이란 없다는 걸 알면서도
마지막이라고 말할 수밖에 없는
애틋한 모순과 함께

4

 임종: (아니다) 끝이 아닌데, 끝이 없는데, 어떻게 끝을 맞이하는가?
 별세: (아니다) 세상을 떠나는 게 아닌데, 어떻게 세상과 이별하는가?
 돌아갔다: (아니다) 온 곳이 따로 정해져 있지 않은데, 어디로 돌아간단 말인가?
 영면: (아니다) 영원한 잠이라니, 그럴 리가!

 궁리 끝에 도달한 결론은 시시했다
 떠났다 혹은 흩어졌다, 이 정도로구나
 세상의 이쪽에서 어딘가 다른 쪽으로 떠나는 것
 유목민이 천막을 걷어 살 곳을 옮겨 가듯이

 여기에 사람으로 잠시 머물다 흩어져
 저기의 무엇, 무엇, 무엇인가로 가는 것
 그리하여 어느 날 어느 때에 무한히 다른 모습으로 나타나는 일

생명의 일

5

엄마가 떠나자 엄마가 많아졌다

어느 날은 동트는 아침 구름에게
어느 날은 저녁의 흰 새에게
어느 날은 정오의 개망초 군락 앞에서
어느 날은 제 그림자를 껴안은 붉은 작약 곁에서
어느 날은 오후의 너른 산그림자를 보며
중얼거린다

엄마, 좋아?

엄마, 힘내!

나도 힘낼게

아버지라는 시대

 착한 사람이다. 지극한 효자였다. 어린이에게 꿈과 희망을 길러주고 싶어 한 좋은 교사였다. 도시락을 싸 오지 못하는 학생들의 밥을 걱정하는 교장이었다. 공자의 도를 추앙했다. 세상사 옳고 그름의 기준이 '사람이 그러면 쓰나?'였다.

 그런데
 그런데
 대체 왜 그랬을까? 법 없이도 살 사람인데.

 예순 살 엄마가 뇌경색으로 쓰러지자 아버지가 처음으로 엄마를 위해 울었다. 석 달 만에 의식을 찾고 여섯 달 만에 퇴원한 이후, 아버지는 만사를 제쳐두고 엄마를 차에 태워 꽃구경 다녔다. 봄꽃 여름꽃 가을꽃 겨울 눈꽃 찾아다니며 엄마 마음에 드리워진 서리서리 무서리꽃을 걷어내고자 애썼다. 결혼한 지 40년 만에 비로소 매 맞지 않게 된 엄마가 봄꽃 여름꽃 가을꽃 겨울 눈꽃처럼 웃었다.

 마음에서 지워낸 아버지의 자리에 아버지가 다시 들어

왔다. 엄마가 웃었으므로.

세월이 한참 흐른 어느 날 내가 물었다.
아버지가 한숨을 쉬며 말했다.
그 시절엔 가장이 아내를 때리는 게 흉 되지 않았다.

아버지의 자리에서 늙어버린 아버지가 다시 흔들렸다.

그래도 되는 줄 알았다. 그런 시대였어.

그런 시대라니.

그런데
그런 시대였다.

누대를 이어온 사내들이
철 지난 시대 타령을 하며 하품을 할 때

용서해다오. 용서해다오.
늙고 쇠약해진 아버지가 가슴을 치며 울었다.

망백*

늬 엄마한테 잘못한 거, 너 가겠다는 대학 못 보내준 거, 한창때 분재 좋아한 거
  이 세 가지가 내 마음에 젤로 참회다

여보 죄송합니다 나 용서해주소 당신 같은 사람 세상에 없어요

됐어요 아버지 그만 울어요 지금 와 후회하면 무슨 소용이야

너한테도 미안하다

아이 참 됐다니까요 시인한텐 대학이 아무 소용 없어요

그런데 아버지

분재 좋아한 건 왜 참회해요?

꿈에 나온다

꿈에

향나무 소나무 매화나무 소사나무 명자나무 단풍나무…… 비좁은 화분에 욱여넣고 철사로 칭칭칭 동여 감고 내 맘대로 키우겠다고 이리 구부리고 저리 잘라버리고 그 나무들이 자꾸 꿈에 나온다 꿈에서 볼 때마다 용서를 비는데도 미안하다 미안하다 그러는데도 자꾸만

꿈에

망백의 꿈에

* 望百.

자존

일본에는 때때로
편도에나 어울리는 작은 배낭을 메고
후지산으로 걸어 들어가는 사람들이 있다고 합니다

식량이 바닥나는 깊은 숲속 어딘가가 그의 마지막 안식처

다시 돌아올 것을 생각하지 않은 여행입니다

우메보시가 든 주먹밥을 먹는 사람이 보입니다
파랑새를 불러내려는 푸르른 어깨
마지막 주먹밥을 꼭꼭 씹어 먹고
마지막 물 한 모금을 소중히 마시는 사람

걷다 쉬다 걷다 쉬는 사람의 그림자가 조금씩 흐려집니다

푸른빛 점점점 영롱해집니다

여기가 좋군—
스스로 선택한 자리에서
자신을 깊게 껴안은 사람

햇빛, 달빛, 별빛, 이슬과 바람
천천히 파랑새가 날개를 부풀립니다
바람의 어깨가 정성스레 기웁니다
흙, 바위, 풀, 나무와 구름
품을 벌려 그와 함께 숨 쉬기 시작합니다

들숨, 날숨, 들숨, 날숨……
이윽고
날아오르는
파랑새
파랑새

나는 그들이 가르쳐준 단어를
심장에 아로새겨두었다가
때때로 꺼내어 밥을 짓고 차를 우리고

베갯잇에 넣어 잠을 청합니다

원하는 때 원하는 장소에서
날개를 부풀릴 나의 파랑새를 위해
새로 눈뜨는 아침이 막중해졌습니다

새 생명을 받아안듯이
하루를 오직 하루로 살게 되었습니다

구름을 기르겠습니까?

아픈 고양이 앞발을 핥아주는 다른 고양이의 까슬한 혓바닥
혹은 파도와 공기 방울 사이 어딘가에 걸쳐진 꼬리 같은 구름의 빛
이 빛을 기르겠습니까?

(당신의 운명은 당신이 정하는 것입니다)

머언 먼— 터엉 텅 빈— 우주에서
폭발을 시작한 별의 기미를
나는 그저 별의 탄생이라 부르고 맙니다만

생로병사의 첫 여정
비극인 줄 알면서도 기뻐할 수밖에 없는
이 기묘한 탄생의 사건들,
반복되는 오류와 열정들,
그쪽으로 여전히 굴광하는
이 구름들을 기르겠습니까?

(오오, 초봄의 구름!)

실버들 살금살금 물오르는 실핏줄들과
그것을 감싼 공기의 실핏줄들
실핏줄과 실핏줄이 투둑 툭— 연결되며
번지는 빛처럼
봄이라 부르는 사건이 다시 오고 있습니다
오직 순간에만 허락되는 이 영원을
기르겠습니까? 기를 수 있겠습니까?

(물론 무허가입니다 아름다운 것들이 대개 그렇듯이)

완경기

혼잣말,

대체 엄마는 이 혹독한 시기를 어찌 건너간 거야?

혼잣말,

이제야 이해하게 되었어 이제야 간신히

혼잣말,

집, 무덤, 길, 벽, 꽃, 열매, 때를 안다는 건 외로운 일이로구나

중얼거린다, 이제는 만질 수 없는 엄마를 쓰다듬으며

할머니가 되는 건 위대한 일이었어!

걷자, 걷자, 한 걸음만 더 걷자,
여기까지 와야만 알 수 있는 거였어!

우리 쑥 캐러 갈까?

 느닷없는 마음이 쳐들어오더라고, 딱 사그라들고 싶은, 그냥 딱 멈추고 싶은, 사라지고 싶은, 아무것도 아니고 싶은, 아무것도 안 하고 싶은, 앉은자리에서 퍅삭 자취를 감추고 싶은, 자유롭고 싶은, 자유, 맞아, 그쪽에 가깝더라고, 신기하더라, 소멸이 자유와 가깝다는 느낌 말야, 느닷없이,

 아냐 언니, 허무 이런 거 아니고, 뭐랄까, 백척간두에서 성큼 허공으로 내딛는 발, 끝의 끝의 끝에서 용맹한 무언가 심장에 비끄러매지고, 어흥! 벼랑을 향해 돌진하는 암호랑이처럼 더는 뒤가 궁금하지 않은 기이한 해방의 마음, 그걸 뭐라 부를 수 있을까, 깊고 외롭고 쓸쓸한데 더없이 시원한, 누군가 있으면 좋겠으면서도 아무도 필요 없기도 한, 연결되고 싶지만 홀로 홀로 홀로도 충분한, 고독사가 별거 아니게 느껴지고, 필멸하는 모든 것이 흔연해져서 하루가 아주 좋더라고, 너도 나 같고 너도 너도 너도 나 같아서 품이 그득히 넓어지고 그저 애잔해지더라고,

 어젯밤 꿈도 그랬어 언니, 내가 죽었더라고, 죽은 나를

보듬어 업고 달리다가 헤엄치다가 노래하다가 아, 나는 나를 아끼는구나, 되었다 지금, 충분하구나, 느닷없이 그런 마음이 들면서 잠에서 깼거든, 눈물이 고였더라, 죽은 나도 살아온 나도 살아갈 나도 죽게 될 나도 너무너무 애틋하고 귀해서, 되었다 다 되었다 모든 순간이 충분하다, 무진무진 무장무장 이런 마음이 들더라고, 느닷없이,

    아유 오늘은 아지랑이가…… 언니 우리 쑥 캐러 갈까?

초희 생각
— 난설헌 생가터에서

그믐

오늘도 멍투성이야
어제도 피투성이야
그런데 흘러가
그래도 흘러가

꽃,
봤니?

내가 피운 멍,
내가, 꽃피운, 멍, 봤니?

하현

매운 불꽃 냄새
얼어붙은 돌냄새
고드름 냄새

아니, 아니구나
불타는 돌냄새

바람이 분다
바람이 불어

다들 집에 갔니?

보름

저 눈사람 언제 저렇게 자란 거야?

혹시 네가 키웠니?

세상에서 가장 아름다운 복수로?

솔숲에 울려 퍼지는
눈보라 눈보라

눈보라의 빛

상현

고요 가고 고요 오면 고요는 고요하게 곡기 끊은 선승처럼 고요를 데려와 새로 몸을 닦고요 고요는 고요하게 보일 듯 말 듯 고요하게 전진 전진 전진합니다

초승

사랑할 용기

사랑하지 않을 용기

젖은 불가에서

젖은 재를 뒤집어쓰고 피어난

붉은 연꽃

스물일곱 송이

• "푸른 바닷물이 구슬 바다에 넘나들고/파란 난새가 채색 난새와 어울렸구나./연꽃 스물일곱 송이 붉게 떨어지니/달빛 서리 위에서 차갑기만 해라"(「꿈에 광상산에 노닐며 지은 시와 그 서문」, 『허난설헌 시집』, 허경진 옮김, 평민사, 2019).
여성이 이름을 가지고 살기 어려웠던 시대에 이름 초희, 자(字) 경번, 당호 난설헌을 가지고 자신을 지키려 애쓰며 살았던 난설헌은 이 시를 지은 지 4년 뒤인 스물일곱 살에 홀연히 숨을 거두었다.
•• 엄마는 유독 난설헌 생가터의 꽃들을 좋아했다. 난설헌이 우리나라에서 최초로 문집을 간행한 여성 시인이라고 말해드리면 박수를 치며 자랑스러워했다. 난설헌의 불행한 삶을 한없이 측은해했지만 자기 이름의 책을 가졌다는 사실이 그 모든 고통을 보상했을 거라는 듯이. "장한 사람이다" "애썼어, 사느라 얼마나 애썼을꼬". 난설헌 이야기를 할 때면 엄마가 자주 터뜨리던 추임새다.

밤이 치자나무 잎사귀 곁에서 속삭인 말

마음에 당신이 다 담기던가요?

우리 마음이 온 우주보다 크다는 철학자*의 말에
키득, 밤이 웃네

당신조차 담을 수 없는 마음이 우주를 품는다고?
우주를 더듬는 마음이 정작 나를 보듬지 못하는데?

집중할 수 있는 최대치는 최소의 마음

까치발 딛고 선 지금 여기 한 점

나와 당신과 우주가 같아지는

오직 지금
여기 한 뼘 밤의 노래

* 파스칼.

거대한 착각

자연을 보호한다고요?
강보의 아기가 엄마를 보호할 수는 없는 법이죠

지구를 구하자고요?
지구가 허락하기에 우리의 생존은 유지됩니다
구해야 할 것은 자기 자신뿐

기후 위기를 막지 못하면 지구가 멸망한다고요?
멸망하는 것은 인간일 뿐

지금껏 살던 대로 살아간다 해도
봄은 올 것입니다

백 년 뒤에도
봄은 올 것입니다

인간 없는 봄이

그때
우리의 부재를 슬퍼할 누군가 있을까요?

잘 익은 복숭아 한 알

내가 먹는 당신의 것

당신이 마지막까지 놓지 못한 것

태양과 바람의 노래
붉은 잉크
빛나는 어둠
젖빛 핏방울
과육에 마지막까지 새겨 넣고 싶었던
시간의 흰 그늘
그늘의 반짝임

당신이 마지막까지 놓지 않은 것

내가 먹는 당신의 것

축 생일 2

사티풍으로*

이 바람이
지구가 처음 생겼을 때부터
대기권 안에서 불던 바람이라 생각하면
신기하지 않아요? 당신 머리칼을 나부끼는
지금 이 바람 말예요!

영겁의 시간
영원한 과거
새로운 것이 실은 태곳적의 것이라는 사실이 드러날 때
생일을 이해하는 일은 좀처럼 쉽지 않지만
나는 끝 모를 정체를 가지길 원해요

수천 년의 바람이 오늘의 바람이듯
생의 기본값이 고통이라면
친구 삼죠, 뭐, 줄넘기 한쪽 줄을 친구에게 쥐여 주고
깡충, 깡충깡충, 드넓게 명랑하겠어요

웃음을 지켜내겠어요

자, 이제 햇살의 밀랍으로 만든
검게 옹이 진 시간에 불을 켜볼까요?

유쾌한 불꽃의
   서러운 사라반드
가장 오래된 선율의
   새로운 짐노페디

* Erik Satie, 1866~1925.

겨울 숲에서 배운 것

아주 많은 문과 방과 창이 있고
수천의 언덕과 구릉이 있고
억겁의 바람이 무수한 빛과 결로
불어오고 불어 간다

너라는 세계에서
나는 거의 아무것도 아니라는 걸
나는 잘 안다

나는 가벼웁고 희미하고 얄브스름한 수줍은 바람
그러나

내가 죽으면
내가 드나들던 문과 방과 창이 모두 닫히고
언덕이 어두워지고
구릉의 아름다운 바위들이 무너져 내린다

세계는 그대로 있고
나만 사라지는 게 아니다

너라는 세계가 나와 함께 막을 내린다

너 역시 그렇다는 걸 안다

환절기

계절이 바뀔 때
산에선 새들의 냄새 짙어진다

어려선 늘 궁금했다 하늘을 나는 새들의 마지막 모습이

새들의 장례를 그려보며 하늘을 바라보곤 했다
거꾸로 흐르는 유성처럼 지구 대기 바깥으로 활공하는 새
눈에 보이는 하늘보다 더 먼 하늘로 날아가는 새들을 상상했다
우주에서 와 지구에 잠시 머물다
다시 우주로 돌아가는 생명체들을

겨울에서 봄
봄에서 여름
여름에서 가을
가을에서 겨울
바람과 기온과 물의 성질이 바뀌는 때가 오면
아프거나 늙은 새들이 중얼거리는 소리 들려온다

산골짜기마다 새들의 냄새 짙어진다

환절기의 냄새를 맡으며 알게 되었다
하늘을 나는 새들도 결국 땅에서 죽는다는 것
지구라는 우주의 품에서 마지막을 맞는다는 것

지구 밖으로 날아가던 어린 날의 우주와
지구 안쪽으로 넓어지는 어리지 않은 날의 우주

이 모든 우주가 다 좋은
환절기에 이르렀다

해설

세 개의 세계, 하나의 선

박수연
(문학평론가)

1. 세 개의 시 세계

첫 시집부터 일곱번째 시집에 이르기까지 김선우의 시편들은 세 개의 세계를 이루는 듯 보인다. 섬세한 마음의 분석이 고유한 이름을 부여하겠으나, 여기에서는 우선 사랑과 아브젝트(abject)의 시기(네번째 시집까지), 상실과 기원의 시기(다섯번째 시집), 무애(無碍)의 시기(여섯번째 시집)로 나누어보겠다. 두번째와 세번째 시기를 시집 한 권만으로 구분하기 어렵겠으나, 사랑의 관계로 따스해지길 원했던 시인에게 집단 학살과도 같은 세월호의 비극과 그로부터의 탈출은 지워질 수 없는 상처의 경계를 긋고 있음이 분명하다. 그러니 마음의 추락과 상승은 별개의 시기로 나누는 것이 타당해 보인다.

이런 시기 구분과 별도로 시인이 사유하는 시편들에 부

여한 여성성과 모성성 혹은 '딸이 대면하는 엄마-의미'라는 기표에 대해서도 지금 우리는 여전히 더 많은 내용을 찾아낼 수 있고 찾아내야 할 것이다. 특히 시인이 사유하는 여성적 '몸'과 그로부터 길어 올려지는 건강한 베풂, 연대와 공유의 의미론은 한국 시단의 소중한 자산으로 새겨져야 한다. 나아가 이 몸 사유를, 여성의 몸을 넘어 인간의 몸이라는 일반성으로 전환할 필요도 있다. 이 필요성은 이번 시집 『축 생일』에서 더 분명해진다. 그 전에 김선우 시의 세 시기를 요약해보자.

첫 시기는 압도적으로 사랑의 관계에 의해 지배된다. 『내 혀가 입 속에 갇혀 있길 거부한다면』(창비, 2000), 『도화 아래 잠들다』(창비, 2003), 『내 몸속에 잠든 이 누구신가』(문학과지성사, 2007), 『나의 무한한 혁명에게』(창비, 2012)가 이 시기에 출간되었다. 김선우의 관심사로 보면 '대관령 옛길'에서 '제주 강정 구럼비바위'에 이르는 시기이다. 저간의 여러 논의가 김선우의 '엄마 사유'를 공히 주목했는데, 특히 '옛길'과 '구럼비'는 생명과 베풂의 여성성에 대한 곡진한 이미지일 것이다. 세계는 '엄마'의 신체로 대변되는 둥글고 부드러운 힘에 의해 만들어지고 움직인다. 「내력」(『내 혀가 입 속에 갇혀 있길 거부한다면』)에서 형상화되었듯이 시인은 부드러운 신체의 능력으로 거의 모든 '삶-관계'를 포괄한다. 이 포괄은 신성한 생명을 만들고도 신성하지 않은 척 나열되는 소재들의 순환으로 이루어졌는데, 이미 김춘식은 「숭고한 밥상」(『내 혀가 입 속에 갇혀 있길 거부한다면』)의 사례가 물질적 상상력의 윤회 담론이라고 주목한 바 있다.

그런데 김선우의 해체-나눔의 상상을 윤회라는 말로 한정하는 작업은 조심스럽다. 김선우 시의 핵심적 사유를 고려한 해석이지만, 불가에서 '윤회'는 여전히 긍정과 부정의 양론으로 나뉘어 있기 때문이다. 세계의 여러 요인이 '윤회'의 순환에 있음을 인정하며 그것을 종교적 나눔의 사유로 확장하는 시편이라는 의미에서, 이 시기의 시편들은 무한한 사랑의 세계로 수렴됨 직하다. 네번째 시집에서는 그 사랑이 우주적 차원으로 승화되고, "*지금 마주본 우리가 서로의 신입니다*"(「나의 무한한 혁명에게」)라고 씌어지기에 이른다.

두번째는 매우 고통스러운 심리적 지평이 펼쳐지는 『녹턴』(문학과지성사, 2016)의 시기이다. 세월호가 가라앉았고, 시에는 죽음과 지옥이 흘러넘친다. 근원의 소리 om은 묘비와 울음의 삶을 축하하는 아이러니한 세계의 슬픔을 향하고 있는데(「고쳐 쓰는 묘비」), 이 비극적인 시편들의 기운이 근원의 소리로 치유될 수 있을지에 대해서는 누구도 장담할 수 없을 것이다. 왜냐하면 세계에 신이 사라져버렸기 때문이다. 바로 직전 시집의 "*지금 마주 본 우리가 서로의 신입니다*"라는 진술이 무색하게, 어느 순간 우리가 죽음을 가져왔기 때문이다. 사랑을 노래했던 김선우에게 사랑의 신이 죽음을 가져올 리는 만무하기 때문에, 횔덜린이 「빵과 포도주」에서 신이 없는 궁핍한 시대를 가리켜 시인이 무엇을 해야 할지 모르는 시대라고 쓴 것처럼, 그럼에도 신을 불러 희망을 지펴야 했던 것처럼, 김선우는 지옥을 보고 끝내 삶의 대지를 본다. 이 재생의 힘을 시인들의 특별한 능력이라고 해도 될 것이다. 횔덜린이 새로운 신의 도래를 노래하면서 궁핍한 시대를 노래하듯이,[1] 김선우가 지옥의 시간을 보내고 다음과 같은 구절을 쓰는 것은 놀라운 일이다.

> 기운을 내라 그대여
> 만 평도 백 평도 단 한 뼘의 대지도 소속은 같다
> 삶이여
> 먼저 쓰는 묘비를 마저 써야지
>
> 잘 놀다 갔다
> 완전한 연소였다
>
> ——「花飛, 먼 후일」 부분

1 "그러나 그러는 사이 온다 햇불 흔드는 자로서 가장 높은 분의/아들, 시리아인이, 그늘로 내려온다./복 받은 현자들 본다 그것을; 미소 하나 사로잡힌/영혼에서 빛을 발한다, 그 빛 향해 녹고, 그들의 눈이 아직 말이지./좀 더 부드럽게 꿈꾸고 잔다 대지의 팔에 안겨 거인족이,/시기하는 자도, 케르베로스도 마시고 잔다"(프리드리히 횔덜린, 「빵과 포도주」, 『독일시집』, 김정환 옮김, 자음과모음, 2019).

이런 세계 긍정이 가능한 것은 인간이 아닌 비인간의 세계가 '출현'했기 때문이 아닌지 질문해야 하는 순간이다. 비인간이 어떻게 인간의 사유에 출현했는가에 대해서는 이른바 '소수자' 혹은 '포스트휴먼'론으로 살펴야 하겠지만, 『축 생일』의 비인간에 있어서는 시인이 삶의 수행 공간에서 거둬들이는 직관과 예감의 차원이 우선하는 듯하다. 시인은 직관의 힘으로 "참 근사한 날이야/인간이 하찮게 느껴져서"(「바람의 옹이 위에 발 하나를 잃어버린 나비 한 마리로 앉아」)라고 썼다. 비인간에 대한 사유는 인간에 대한 근본적 회의와 무관하지 않을 텐데, 이 시기에 김선우의 시편들에서 '나'가 빈번히 등장하기 시작한다는 사실은 특별히 주목해야 할 사항이다.

세번째는 저간의 시 세계들로부터 급격한 전환을 이룬 시기이다. 『녹턴』의 세계를 바로 앞에 두었으나 『내 따스한 유령들』(창비, 2021)에서 이루어지는 상상력의 활달함과 넉넉함은 한 시기의 출발을 온전히 알리기에 충분하다. 언어들은 자유로워졌고 비인간의 사유는 넓어졌으며 "으쌰으쌰, 으쌰으쌰/바스락, 바스락"(「푸른발부비새, 푸른 발로 부비부비」)으로 대표될 의성어 등의 유쾌한 상상력이 향하는 곳은 지구의 온 생명으로 이루어진 세계이다. 시에서 광장의 상상력은 이념보다 소중한 삶을 포괄하게 되었고 여전히 개별적 삶의 구체성 또한 중요하게 다뤄진다. 시인은 이제 평등한 지구의 세상을 노래할 줄 알게 되었다.

오십세의 어느날 문득 알았다

내가 돌본 줄 알았는데
나를 돌본 게 당신들이라는 걸

천명(天命)이 곁에 늘 있었다는 걸

지천명(知天命), 그날 이후
드디어 나는 오십세가 되었다
——「개와 고양이와 화분과 인간이 있는 풍경」 전문

비인간과 인간이 어울리는 세계가 이렇게 준비되고, 몸의 아픔을 오래 겪은 후 비인간의 시선으로 세계를 보게 된다는 사실을 염두에 둔 채 『축 생일』을 읽어나가자.

2. 시간

세 시기로 구분한 시집들의 세계를 배면에 두고 이제 『축 생일』을 이야기할 차례다. 이전 시집의 시편들도 함께 살펴볼 텐데, 시기 구분에도 불구하고 김선우가 반복하는 주제들이 있기 때문이다. 그중 하나는 '시간'이다.

불교의 옛 경전은 시간을 이렇게 말했다.

> 사물을 원인으로 해서 시간이 있다면
> 사물을 떠나서 어찌 시간이 있겠는가?
> 사물도 오히려 없거늘
> 시간이 어찌 있겠는가[2]

"사물을 떠나서 어찌 시간이 있겠는가"라는 대목은 시간의 관계론적 성격을, "시간이 어찌 있겠는가"라는 대목은 절대적 시간의 불가능성을 말하고 있다. 일반적으로 언급되는 경험적 시간과 물리적 시간의 구분이 여기에서는 '관계'라는 맥락적 조건으로 통합되어 있다. 하나의 관계가 그 관계를 맺는 존재들의 '있음'과 '없음'에 따라 나뉘면, 시간 인식은 바로 시간 속에서 펼쳐지는 사건과 사물들의 세계를 인식함으로써 비로소 이루어지게 된다. 이는 사물이나 시간이 있는 것도 아니고 없는 것도 아니라는, 이른바 무자성(無自性)의 중(中)을 생각하게 한다. 시간의 고유성을 생각할 수 없는 까닭은 끊임없이 변화하는 세계

---

[2] 용수, 『중론』, 정화 옮김, 법공양, 2007. 본문에 인용한 구절은 19장 '시간에 대한 관찰'에서 가져왔다.

에 시간이 연결되어 있기 때문이다. 세계는 고정된 자기 본성을 가지고 있지 않다. 이 무자성의 세계를 인식하면서 시 쓰는 일을 '시간' 인식의 여러 모습으로 구체화한 언어가 이번 시집 『축 생일』이라고 말해도 될 것이다.

세계가 본성을 고집하지 않는 변화 형성을 존재 방식으로 가짐으로써 시간이 자기 근거를 얻는다고 말할 때, 다음과 같은 시의 의미가 독자들에게 열린다.

> 산길을 걷다 고라니를 만난 적 있다
>
> 나와 눈이 마주친 순간 그이는
> 커다란 빛 방울처럼 튀어
> 숲으로 사라졌다
>
> 그때 보았다
>
> 뒷걸음질 쳐본 적 없는 짐승의 온몸이 어떻게 시간이 되는지
> ──「시간의 창조자」 전문

고라니는 경험 가능한 실체이다. 누구나 고라니를 볼 때 고라니가 껑충 사라지는 시간을 경험한다. 시는 이를 "나와 눈이 마주친 순간"이라고 적었다. 고라니와 만나는

순간은 고라니에게도 주체에게도 관계없던 의미의 장이 눈앞에 열리는 순간이다. 주체의 편에서 언어를 전개하는 서정시가 고라니의 소멸에 먼저 연루된 "나"라는 존재를 부각한다. '나'는 한 존재와 만나고, 그 존재는 곧 사라진다. '나'는 놀랍게도 만남과 사라짐이라는 사건을 경험하면서 시간을 인식하는 사람이다. '시간의 창조'라고 진술되는 이 사건을 해명해주는 표현은 "커다란 빛 방울처럼 튀어" "숲으로 사라"진 고라니와 "뒷걸음질 쳐본 적 없는 짐승의 온몸"인데, 시가 짧은 만큼 시간 인식은 빛 방울이 튀는 순간의 사건처럼 이루어진다. 이 '순간'을 포괄하는 의미의 장을 다시 한번 더듬어보자. "커다란 빛 방울"은 고라니의 움직임에 대한 비유적 형상으로, 의미의 기원이 아니라 현상에 해당하는 '이미지'에 가깝다. 한편 "뒷걸음질 쳐본 적 없는 짐승의 온몸"은 시간으로 변하기 직전의 존재이고, 시간은 이 "온몸"의 형상적 의미이다. '나'가 고라니와 마주친 작은 사건을 시간의 창조라는 놀라운 사건으로 인식할 수 있는 데에는 고라니가 "숲으로 사라"진 사태를 알아챈 행위가 작용한다. 사라진 존재가 비로소 시간을 알려주는 것이다. 있는 존재의 없음을 아는 것으로부터 시간은 나타난다. 사라짐에 이어지는 없음과 나타남에 이어지는 있음이 함께 작용하기 때문에 결국 고라니와의 만남은 이른바 '본질'이라고 하는 것에 매달리지 않도록 하는 사건의 기능을 한다. 이번 시집이 소멸 혹은 사라짐과 부재, 없음과 있음, 또 그것들에 집착하지 않고 자유롭게 놓아두는 일을 언어로 기록하는 일이라면, 「시간의 창조자」는 이 언어들을 바탕에 둔 생각을 드러내고 있는 셈이다. 즉 시간은 비어 있는 것이다.

이러한 시간의 성격을 전해주는 불교 경전이 무자성의 상태를 강조한다는 점을 고려하면서 김선우가 저 빈 시간을 말하기 이전에 떠올렸을 생각들을 살펴보자. 그는 이미 첫 시집에서 사람들의 발 앞에 놓였던 옛 시간을 불러 "대관령 옛길, 아무도/오르려 하지 않는 나의 길"(「대관령 옛길」)이라고 공간화할 줄 알았고, 지난 저 사랑의 기억이 유골 상자에 담길 때 "가을산으로 오라, 오후의 그늘이 정오의 햇살을 참빗질하는 이 시간"(「시간은 오래 지속된다」)이라고 호소하기도 했다. 죽음과 소멸을 건너 도달하는 '평화의 시간'은 이 시집 곳곳에 나타나지만, 이때의 시간은 삶의 과정을 에우는 현상들의 이미지를 가진다. "햇살을 참빗질하는 이 시간"은 창조가 아니라 창조된 것의 형태이다. 어떤 형태인가 하면 가을 산의 나무들 사이로 빗질되어 내려오는 햇살과 같은 시간이다. 잘 정돈된 듯한 아름다운 시간 속에 있는 수많은 죽음과 사랑과 그것을 한데 모은 몸의 보시와도 같은 해체가 있었음을, 그의 독자들은 잘 알고 있다.

시간은 동질적인 시간 입자들의 순차 배치, 즉 크로노스(chronos)가 아니다. 고라니가 사라지는 순간이 그렇듯이 시간은 불현듯 다른 모습으로 등장한다. 동일한 공간 안에서도 시간은 지루하거나 순간적인 것으로 달리 경험된다. 시인에게도 그것이 예외일 수는 없다. 김선우의 다섯번째 시집 『녹턴』과 여섯번째 시집 『내 따스한 유령들』의 사례를 보자. 시간은 혁명의 사유와 함께 등장하는데,

>시간과 기억—— 이것이 나.
>기억이 지금의 나를 나이게 한다.
>
>[……]
>
>소비할 다른 뮤즈를 찾아 방랑하는 역사에서 혁명은 불가능하다.
>
>날고자 하는 욕망을 퇴화시킨 지 오래인, 비슷하게 비대해진 도시비둘기들이 폴리스라인 밖에서 모이를 쪼고 있다.
>
>벗이여, 지금 내가 궁금한 것은
>이 광장의 이미지가 아니라 이 시간의 이미지라네.
>　　　　　　　　　　——「혁명의 조건」(『녹턴』) 부분

'나'는 기억에 근거해서 '나'이고, 혁명은 '나'의 뮤즈를

떠난 곳에서는 불가능하다. '나'를 지속시키는 기억과 그 기억의 지속은 이 소급의 시간을 따라 최종적으로 om의 시간에 도달할 것임을 시인은 『녹턴』의 여러 시편 제목에서 암시한다. 특히 '엄마 사유'를 삶의 순수 지평으로 옮겨 놓은 「엄마가 엄마를 부르는 om의 한밤」은 세계의 근원에 대한 간절한 희구일 것이다. 그곳에 도달하기 위해 '나'는 '나'로 지속되어야 한다고 말하는 시가 「혁명의 조건」이다. 시인은 희망의 시간을 살아가야 하지만, 자기 지속으로 가능할 저 혁명의 법칙을 무너뜨린 시간의 형상을 궁금해한다. 이때의 시간은 시인이 잠재적인 것(기억)과 현실적인 것(현재)을 함께 펼쳐놓은 시간이다. 잠재적인 것과 현실적인 형상의 시간-이미지가 시인에게는 어떤 가치의 표현으로 다가오는데, 그 환시의 시간을 견딜 수 있는 것은 '시간'과 '기억' 때문이다. 그러나 지금 현실의 시간은 견뎌야 할 시간, 혁명을 바랐으나 순치되는 존재들의 시간, 비만해진 순응의 삶으로 전환하고 자기 기억의 삶을 유지하지 못하는 존재들의 시간이다.

들뢰즈의 '시간-이미지'론이 '사유-이미지'의 잠재적 생산 능력을 강조하고 있다면, 「혁명의 조건」은 그것을 한번 더 비튼 비극의 '시간-이미지'로 읽힌다. 사랑의 포용보다 대결의 분위기가 두드러지기 때문이다. 광장의 시간이 함께 등장하는 것도 그 이유 중 하나일 것이다. 세계를 수용하기 어렵게 하는 절망 때문이라고도 할 수 있다. 신의 이름을 불러야 할 정도로 이해하기 쉽지 않은 복합적 형상들이 한꺼번에 등장하는 현실이 『녹턴』의 장소이다. 혁명적 요구가 분출하는 광장이 있고 폴리스 라인이 있는데, 그 너머에는 현대의 비만한 삶이 움직이는 장면을 지금 시인은 받아들이지 못한다.

김선우가 느낄 시간-이미지의 환시 효과에서 결정적인 것은 시간이 크로노스의 방향을 헤집어놓는다는 사실이다. 현재는 과거의 잠재태를 싣고 흐를 뿐만 아니라 과거의 현재를 지금 다시 펼쳐놓는다. 이것이야말로 결정적이다. 이미지 속에서 과거·현재·미래가 경합하고, 인과관계가 초월되는 사태가 발생하기 때문이다.

원인을 알지 못하기 때문에 시간이 의문스러운데 해결책은 의외의 방향으로 길을 튼다. 다음 시집 『내 따스한 유령들』의 시편들이 이러한 양상을 보여준다.

> 너희는 거기를 로도스라 한다. 나는 거기에 갈 생각이 없다.
> 너희는 여기를 로도스라 한다. 나의 로도스는 저기에 있다.
> 내 심장이 원하는 곳, 내 두 발로 딛고 엎드려 입 맞추고 싶은 나의 땅 나의 섬은
> 거기도 여기도 아니다. 저기, 비껴간 저기에.
> 당신과 마주친 곳에.

안개가 피어오르고 브로콜리가 부푸는 곳에
산양이 체취를 퍼뜨리고 쑥 향이 코끝을 간지럽히는 곳에.
사랑하는 당신을 먹이고 입히려고 즐거이 노동하는 곳에.
노동이 나 자신을 기쁘게 하는 곳에.
삶이 나를 춤추게 하는 곳에.
　　　　　—「혁명력의 시간, 로도스의 나날」 부분

　시인은 여기도 거기도 아닌 곳을 택한다. 직전 시집의 「혁명의 조건」에서는 '시간-이미지' 형성의 바탕으로서 기억을 지속하는 것이 혁명의 조건이었다. 혁명가들에게 기억을 지속하는 일은 이념과 조직의 실천을 전망에 투사하는 작업이었을 것이다. 프랑스의 혁명력은 그 전망을 삶의 현장에 결합하여 특별히 구성한 시간 명명이었다. 나폴레옹의 쿠데타로 유명한 '브뤼메르 18일'이 적합한 예시이다. 그것의 실제가 권력이라는 추상 욕망이었음을 잘 이해하는 시인은 그 시간 대신 가장 구체적인 장소와 사물의 시간을 택한다. 이 시간은 혁명력의 욕망을 지운 시간이다. 이 사물의 시간이 출현할 때, 혁명적 실천의 로도스는 구체적인 삶과 춤추는 일이 될 것이다.
　시간은 그러므로 가장 구체적인 삶의 현장이 되어야 한다. 구체적이라는 말조차 필요 없을 정도로 실감이 있는 곳이 그곳이다. 시인이 거부하는 로도스는 추상과 관념적 개념의 로도스일 것이다. 시간을 창조하는 것도, '개라는 개념은 짖지 않는다'라고 말한 스피노자를 시로 쓰는 것도 마찬가지이다. 시인의 시간은 이념이 아니라 가장 구체적인 낱낱으로 세계를 만나는 신체의 시간이다. "당신과 마주친 곳", "안개가 피어오르"는 곳, "브로콜리가 부"풀고 체취가 퍼지는 곳처럼 사물의 실존이 가장 가까이에서 울려 퍼지는 장소의 시간이다. 그래서 세상의 모든 존재가 숨과 봄과 느낌으로도 서로를 알아챌 수 있는 곳의 시간이다.

다시 「시간의 창조」로 돌아온다. 김선우의 시편들을 찬찬히 읽다 보면, 그가 시간의 흐름에 아주 민감하다는 사실을 알게 된다. 시간은 이제 소멸을 통해 인식되기도 하는데, 현재가 소멸된 후의 시간은 사유 속에서 과거의 이미지로 등장할 것이다. 여기에 이르는 중간 논리를 시인이 설명하고 있지는 않다. 시인은 다만 시간-이미지의 감각을 독자에게 사유의 대상으로 전달할 뿐인데, 이로써 다른 무엇보다도 예술적 감각으로 과거, 현재, 미래의 중첩을 한데 놓고 있는 것이다. 시간-이미지는 번뜩이는 감각들의 기억을 한데 모은 형상이다. 그것은 시간의 순차성을 벗어난 시간에 대한 감각이고 철학의 개념이 아니라 예술적 감각의 사유이다. 시인은 시간의 창조를 소멸의 이미지와 함께 제시하는 중이다. 왜 굳이 소멸의 시간을 창조하는 것일까? 시간은 텅 빈 사물과 함께 사유되어야 하는 것이라고 옛 불교 경전이 이미 말하고 있다.

3. 몸

「시간의 창조」는 시간이 등장하는 곳이 곧 구체적 삶의 현장임을 보여준다. 시간이 창조되는 곳, "뒷걸음질 쳐본 적 없는 짐승의 온몸"이 있는 곳은 생명이 살아 뛰며 출현과 소멸을 반복하는 곳이다. 그곳이 『녹턴』에서 '엄마'의 둥그런 이미지를 타고 om의 소리로 나아갈 때 시인은 세계의 근원을 만나게 되는데, 이 시집이 끔찍한 비극을 배면에 둔 음악의 시집이라는 점을 독자들은 순식간에 알아챘을 것이다. 예술가들은 음악이 세상을 구원하리라고 말해왔지만, 김선우는 그것을 근원의 소리로 잇대어놓았다. 근원의 소리는 구음(口音)이고 따라서 몸의 소리이다. 『녹턴』에서 집중적으로 선택된 'om-엄마-시인'의 언어는 이번 시집에서 몸의 해체와 어울린다. 해체가 집중적 단일성을 넘어서려는 나눔의 행위라는 의미에서 'om-엄마'에 이어질 근원의 힘이 시인을 통해 세계로 확장된다. 이는 평등한 존재들의 세계를 만들기 위해 이곳저곳을 분점하는 방식의 확장이다.

나는 작은 씨앗 하나였던 적이 있고
햇살을 쌓아 유록빛 몸을 만든 적이 있고
한 줌의 낟알을 길러 누군가에게 조금 먹인 적이 있고
서리 깔린 들판 위 노을에 물든 적이 있고

나는 붉은머리오목눈이가 자그마한 부리와 날개로 커다란 뻐꾸기를 기르는 걸 본 적이 있고
비바람에 젖은 어린나무의 가느다란 등줄기를 닦아주고 싶어 한 적이 있고

나는 겨울 강에서 마른 풀반지와 함께 얼었다 풀려난 적이 있고
여름 물과 가을 물의 밀도가 다른 것을 알고 있고
봄이면 물 위로 뛰어오르는 잉어의 마음을 알았던 적도 있고

그리고……
그리고……

한 소년의 손아귀에서 뜨겁게 뛰는 심장이었네
강물을 떠도는 삶이 어쩐지 싫어져
나는 왜 하필 여기 떨어진 지푸라기일까 생각하던 때

였지

온 힘을 다해 소년을 떠받쳤네 지푸라기일 뿐이지만
무지개…… 무지개 같은 심장이 되어주고 싶었지

물을 토해낸 소년이 구급차에 실려 떠난 뒤
아득한 마음 강둑에 누워
내가 소년을 구한 것이 아니라
소년이 나를 구했다는 걸 알았지

그리고……
그리고……

바람이 부네

——「지푸라기의 시」 전문

　씨앗에서 시작한 지푸라기가 열매를 맺어 충만한 성체였다가 하찮은 존재가 된 후 다른 생명을 구하는 이야기는 김선우의 여러 작품에 걸쳐 종종 등장한다. 바리데기 설화를 잇는 여성 이야기와 무관하지 않을 「지푸라기의 시」는 이제 '나'를 구하는 이야기로 전환된다. '나'를 구하는 행위는 삶의 과정에서나 최종적 지평에서나 '나'를 다른 형태의 '나'로 바꾸고 행하는 일이 달라질 때마다 새로

이 완성된다. "씨앗"이 "유록빛 몸"으로 변하거나 "낟알"로 다른 몸을 먹이는 일, 노을에 물들고 다른 생명들의 광경을 보거나 마음을 읽는 일은 모두 내가 '나'의 몸으로 직접 경험하는 변신과 해체의 사건이다. 이렇게 될 수 있는 것은 '나'의 앞에 도래하는 세계를 수용하는 존재로서의 '나'가 있기 때문이다. 모든 것을 수용하기 위해서는 모든 것의 몸과 마음을 준비해야 한다. 이 모든 변전이란 '나'를 통해서만 가능하다. 이 '나'는 텅 빈 '나'이다. 없는 '나'가 아니라 '비어 있으므로 자유'인 '나'(「허공」, 『녹턴』)이고 '부처를 만나면 부처를 부처를 죽이고 조사를 만나면 조사를 죽이는'(임제) '나'이기 때문이다.

김선우의 시집이 '나'를 두드러지게 드러내고 있다는 점이 특별히 주목을 받은 적은 없다. 시집 일곱 권 중 네 권의 제목에 '나'가 등장³함에도 그것을 언급하지 않는 데에는 서정시의 언어가 개인의 마음을 드러내는 언어이므로 '나'에 특별히 주목하지 않는다는 이유가 작용했을 것이다. 고로 아무렇지 않게 당연한 사실을 지나치는 독자들 앞에서 '나'라는 자기 부각의 시를 쓰려면, 외려 '나'를 벗어나는 일이 먼저 이루어져야 한다. '나'를 응시할 수 있어야 한다는 뜻이다. 응시는 얼마나 가능한 일일까? 김선우

---

3 『내 혀가 입 속에 갇혀 있길 거부한다면』 『내 몸속에 잠든 이 누구신가』 『나의 무한한 혁명에게』 『내 따스한 유령들』.

가 시집 제목을 통해 '나'를 앞에 내세우는 것도 이 응시를 위한 대상화라고 할 수 있을까? 응시의 가능성을 현실화하기 위해서는, 대상을 추상화하는 평가가 아니라 주어진 조건들의 감각을 주체가 움직이는 곳에서 경험적으로 펼쳐보아야 할 것이다. 오랜 시간을 거쳐 김선우가 도달한 곳을 살펴봐야 할 텐데, 그곳(김선우가 도달한 곳과 때)이 '나'의 사라짐을 통해 가능하다는 사실을 시집은 이렇게 알려준다.

> 불안과 갈증에 담금질되던 나
> 내 것을 지키기 위해 안간힘 쓰던 나
>
> 기특하지만 한없이 가여웠던 내가
> 스르르 풀려 날아갔네
>
> 나로 존재하기 위해 애쓰며 살던
> 대도시의 나날들이 흩어졌네
> 살기 위해 무슨 짓이든 해야 한다고 해맑게 말하는
> 작은 악들이 너무도 평범해진 세상
>
> 무너졌네 무너져 내렸네
> 나이기 위해 애쓰던 나의 조각들
> **훨훨 훨훨훨 훨훨훨훨훨**

독수리에게 바람에게 풀씨들에게 훨훨
마침내 없는 내가
없어서 드디어 만져질 듯한 내가
보얗고 착한 모호한 혼의 알 같은
손아귀에 쥐면 빠져나가 금세 허공인 어떤 있음이

달인 듯 구름인 듯 늑대인 듯 했네
호수에 비치는 나무그림자인 듯했네
사랑을 나누는 유목민 부부인 듯했네
어쩌면 그 모두인 듯했네

아침이 올 때
나는 여러 갈래로 흩어졌네
말할 수 없이 가벼웠고
어디에도 없으므로
어디에나 있었네

땅에 바싹 붙어 핀 아침 꽃을 볼 수 있었지
아주 작은 꽃 한 송이인 나를 느꼈지
태어나 처음인 듯 내 얼굴을 들여다보는 나와 함께
빛이 피어났네 무너지면서 피어났네

오오, 나는 현자의 말을 빌려 그 순간을 경배했지

경배할 수밖에 없었지
"나라고 부를 것이 없는데 내 것이 어디 있을까요!"
─「폴짝, 초원에서」전문

　세계의 모든 '나'는 "내 것을 지키기 위해 안간힘 쓰던 나"였을 것이다. 시인은 그 아집을 성찰하고 벗어나려 한다. 해체와 확산의 신체로 도달할 수 있는 곳은 "마침내 없는 내가/없어서 드디어 만져질 듯한 내가" '금세 허공으로 변해 존재할' 시공간이다. 있음과 없음의 형상이 이루어지는 이 시공간은 김선우가 그의 '시간-이미지' 사유에서 현실의 불길한 분위기로 다루었다가 "폴짝" 사유를 통해 극적으로 전환되는 장소이자 시간이다. 과거와 현재의 시공간을 동시에 펼쳐 도래할 의미의 시공간을 만들어내는 것이 '시간-이미지'이기 때문에, 「폴짝, 초원에서」는 그 상상의 구체적 언표로서 기능한다. 이 기능의 과정에는 수많은 시적 상상의 도약이 따라야 한다. "나라고 부를 것이 없는데 내 것이 어디 있을까요!"라는 진술의 예를 보자. '나'가 없어도 '나'를 계속 사용해야 한다는 것. 이것은 방법론적 '나'를 환기한다. '나'는 사라져버린 후에도 여전히 문장의 주어 혹은 문법적 주어의 자리로 남을 수밖에 없다. 사람들은 '나'를 여전히 바라볼 것이다. '나'가 폴짝 다른 존재로 건너뛸 때, 이를테면 수많은 해체와 나눔의 신체로 변전할 때, 잘게 나뉘어 최초의 생으로 출발하는 소리가 울리는 새로운 몸이 출현한다.

'나'를 몸의 영역으로 옮기면 om의 세계이다. 세계의 비극적 침몰과 함께 김선우에게서 om이 출현하기 때문에, 시인이 죽음 이후의 출발을 알리는 기원으로서의 몸에 도달했음을 독자들은 고려하게 된다. 이렇게 읽기 시작하면, 그의 첫 시집부터 이번 시집까지의 시편들은 김선우의 몸이 단지 아브젝트로서의 여성의 몸일 뿐만 아니라 여성의 몸을 넘어, 근원으로서의 몸 일반을 가리킨다는 사실을 생각할 수 있다. 김선우의 아브젝트는 그 자체로 남지 않고 아브젝시옹(abjection)을 거친다. 한 존재로 살아남기 위해서는 그래야만 했을 것이다. 첫 시집처럼 똥이 붉은 동백으로 나아가는 과정, 즉 저 끔찍한 주체화의 바탕이 가진 끈적한 변형을 거쳐 동백꽃으로 변하는 과정이 그렇다. 크리스테바가 여성의 신체를 통해 이 과정을 설명했다고 해도, 시인들이 논리 너머의 사람들이라는 점에서 김선우에게 여성의 몸은 남성이나 인간이라는 추상명사의 논리를 부드럽게 건너뛰는 방법론적 몸이다. 김선우에게서 관능적 여성만을 보는 것은 몸에 대한 사유를 지나치게 협애화하거나, 한 평론가가 두번째 시집의 첫 시 「민둥산」을 스캔들로 만들어버린 것처럼 왜곡을 가져올 수도 있다.

아브젝시옹의 몸은 그러나 아브젝트를 귀환시킬 수밖에 없다. 이 세계에서 살아남기 위해 던져진 몸은 자기 부정성 위에 있는 몸이다. 현실에서 주체화되었어도 언제나

배제된 것들에 의해 위협받는 몸이기 때문에 이 몸은 없는 몸이기도 하다. '오크 에스트 에님 코르푸스 메움(Hoc est enim corpus meum, '이것이 나의 몸이니라')'이라는 말은 '빵과 포도주'를 환기한다. 빵과 포도주가 실제 예수의 몸이 아님을 모를 리 없겠지만, 예수의 몸은 정말로 '이것이 나의 몸이니라'라는 말과 함께 사람들의 일용할 양식이 되어 세계에서 산산이 부서질 몸으로 변신한다.

김선우가 『녹턴』에서 om을 사용했을 때, 그의 시가 발화하는 몸은 아슬아슬한 경계선에 있는 듯 보인다. 이 시집에서 몸은, 「혁명의 조건」의 시간론을 유비해서 말한다면, 기억을 지속시켜 '나의 몸'으로 이어져야 하는 것인 동시에 「CATACOMB SEOUL」에서처럼 '나를 착취하는 나를 견뎌야 하는' 몸이다.[4]

이 경계는 예상치 못한 곳으로 나아간다. 몸에 연속되는 자기 의미를 부여하지 않기 때문이다. 몸은 본래 자기성(égoïté)이 없는 몸이다. "자기성이란 **에고**의 (필연적) 기호 작용이다."[5] 자기를 자신에게 연결하고, 몸을 잇고, 의

---

4 독자들은 계속 흔들릴 수밖에 없다. 물론 동일한 말들이 되풀이된다면 모든 독자가 계속 시집에 머물러 있지는 않을 것이다. 어떤 독자는 시인의 의지적 일관성을, 어떤 독자는 시인의 인간적 복합성을 요구하기 마련이다. 필자가 생각하기에는 이 두 가지를 모두 다루어야 하는 것이 문학이다.
5 장-뤽 낭시, 『코르푸스』, 김예령 옮김, 문학과지성사, 2012, p. 30. 강조는 원저자.

미의 닫힌 순환 고리를 만드는 것이 에고이다. 그러나 몸은 본디 '에고'를 갖지 않는 몸이다. "몸-나. 코르푸스 에고에는 고유성이 없다. 이른바 '자기성'을 갖지 않는 것이다."[6] 이 몸의 소리가 om이라면 예수의 '오크 에스트 에님 코르푸스 메움'은 불타의 '옴 마니 반메 훔(om mani padme hum)'과 같은 소리가 된다. 이 '진리-진실'의 말과 소리는 모두 자기가 없는 몸을 환기한다. 그것은 자기 없이 근원에서 지향되는, 빈 몸의 소리이다. 김선우의 시가 om 이후 본원적 의성어와 형태를 적극적으로 드러내는 데는 이런 과정이 있다. 거대한 비극의 시기 이후 그의 시는 자음 이전의 모음으로 지향되는 시편들을 빈번히 드러내기 시작한다.

빈 몸을 지향하고 실현하는 시집이 『축 생일』이라면, 이 실현의 표 나는 경우에 해당할 자기 부정과 변전을 보여주는 시로 「미륵의 고독」이 있다. 이 작품이야말로 자기 몸의 해체를 통해 있음과 없음의 세계로 확산되는 모습을 형상화한 것이다. 김선우의 새 마음과 관심을 통해 시의 영역으로 들어온 미륵불의 형상은 이제 그의 오랜 사랑 이야기가 타자와 이룰 연대에 대한 은유였음을 보여준

---

6 같은 쪽. 낭시는 이 말 뒤에 다음 진술을 덧붙였다. "코르푸스 에고는 이 순환 고리에서 벗어나는 의미를 만들어낸다. 또는 한정되지 않으면서 이 자리에서 저 자리로, 모든 자리를 불연속적으로 관통하는 저 자신의 순환 고리를 생성한다. 하나의 몸은, 그것이 저 자신을 관통하며 존재하는 만큼이나 모든 몸들을 관통한다."

다. 동시에 이 연대는 비인간과의 연대로 확장된다. 김선우의 시편들에서 여전히 중요한 화두는 타자와 이룰 연대의 삶인데, 몸에 자기가 없기 때문에 몸을 통해 타자로 넘어가는 일은 있음[有]과 없음[無]의 대립을 초월하는 세계로 이어지는 수행성의 과정이다. 행위를 통해 타자와 만나는 사이를 비인간 출현의 공간이라고 할 수 있다. 『축생일』의 가장 중요한 정박점이 바로 비인간이다. 이전에도 몸의 해체와 '비인간'에 관심이 없었던 것은 아니었으나, 이제 시는 인간 외부의 존재들이 김선우를 통해 출현하고 관계 맺는 정황 맥락을 드러내기 시작한다.

4. 연대

인간 외부 인식을 고려하면서 '타자의 부름에 응하는 주체의 윤리'가 무한한 타자에 대한 책임의 행동이라면, '타자와 함께 주고받는 관계'는 맥락적 상호성의 행동이다. 전자를 '레비나스-타자의 윤리학'으로, 후자를 '버틀러-신체의 상호 연대'로 수렴시키며 김선우의 시를 다시 읽어보기로 하자. 타자 앞에서 시인이 쓴다.

> 아주 많은 문과 방과 창이 있고
> 수천의 언덕과 구릉이 있고

억겁의 바람이 무수한 빛과 결로
불어오고 불어 간다

너라는 세계에서
나는 거의 아무것도 아니라는 걸
나는 잘 안다

나는 가벼웁고 희미하고 얄브스름한 수줍은 바람
그러나

내가 죽으면
내가 드나들던 문과 방과 창이 모두 닫히고
언덕이 어두워지고
구릉의 아름다운 바위들이 무너져 내린다

세계는 그대로 있고
나만 사라지는 게 아니다
너라는 세계가 나와 함께 막을 내린다

너 역시 그렇다는 걸 안다
─「겨울 숲에서 배운 것」 전문

김선우의 시가 타자의 몸으로 확산하는 세계를 노래해

왔다는 것은 자명하다. 어떤 대상을 지향하든, 지향의 대상과 매체가 무엇이든, 그것이 몸이든 사유이든, 그는 타자들과 나눌 사랑을 노래하는 시인이다. 그러나 이 사랑을 타자 지향의 윤리적 의미로만 한정하는 것은 그가 몸소 만나 살려내는 세계를 반쪽으로만 한정하는 행위이다. 타자에 대한 책임은 타자의 무한한 호소에 응답하는 주체의 행위라는 점에서 필요조건이지만, 이는 동시에 주체보다 우위에 있는 타자의 일방적 규정성을 주장하는 근거이다. 타자는 이미 무한한 얼굴로 '나'의 앞에 와 있고, 이 타자의 현전을 외면할 수 없는 주체에게 응답을 요구한다. "너라는 세계에서/나는 거의 아무것도 아니라는 걸/나는 잘 안다"라는 진술은 타자의 윤리학을 인정하고 타자를 중심으로 행위해야 하는 주체의 자기 고백이다. 그런데 주체가 바라보고 있는, 주체 앞에 이미 도착해 있는 존재는 주체를 제외한 세계의 모든 것이다. 시인이 '문' '방' '창' '언덕' '구릉'을 바라볼 때, 그것은 이미 눈앞에 펼쳐져 있는 존재이다. 시인은 세계를 천천히 바라본다. '바람'은 오랜 시간 그것들을 수줍게 어루만지며 오갔을 것이다. 겨울 숲은 그 안에 무엇인가가 이미 있고, 그 있음을 덮으면서 무엇인가가 오가는 곳이다. 정지 상태를 넘어서서 바람의 손길처럼 오가는 행위는 감각과 사유를 주체의 능력과 함께 펼쳐보는 일이 될 것이다. 실은 이것이 중요하다. 너의 앞에서 '나'는 아무것도 아님을 알고 있지만, 그럼에도 이 세계가 존속한다는 것은 내가 계속 세계 속에 머물고 있음을 의미한다. 요컨대 이 세계는 너와 나의 동시성으로 가능한 장소이다. 그래서 '바람'은 시인의 '시선'이고 바람의 손길은 시인의 감촉이 된다. 시인은 "가벼웁고 희미하고 얄브스름한 수줍은 바람"이다.

오가지 않으면 '바람'이 아닌 것처럼, 오가는 손길이 무엇을 만들어낼 때 있는 것은 그냥 고정된 채 있는 것이 아니다. 있는 것은 계속 다른 것으로 변한다. 그래서 나무조차도 변하기 시작한다. 아무 때나 변하는 것이 아니라 나무를 바라보고 기대오는 시선을 느낄 때 변화가 바람 불듯 일어난다.

> 내가 평생 보아온 인간 중에
> 나를 본 두번째 인간
>
> 내 안에서 바람이 불었다
> 잊은 줄 알았는데
> 소녀의 머리칼이 나부꼈다
> 고마운 날이었다
> ──「만져도 될까요?」 부분

나무가 위와 같이 말할 때, 이 장면의 발화자가 인간을 넘어서는 존재라는 사실이 중요하다. 이것은 단순한 의인

법이 아니다. 나무는 자신을 지향하는(만져보는) 눈먼 소녀의 손길을 받아들인다. 비인간 타자를 감촉 중인 인간이 있지만, 이를 허락하는 주인공은 나무이다. 나무의 기억에는 나무를 살아 있는 주체로 바라본 인간이 두 명 있는데, 두번째가 눈앞의 소녀이다. 그가 오래 잠자던 나무의 바람을 일으킨다.

  주체 앞에 타자가 도래하고 주체가 그에 응답하는 일이 타자 중심의 윤리학으로 그치는 것은 아니다. 시집의 사유를 보건대 김선우가 이미 읽었을 『중론』의 '관유무품(觀有無品)'에 "'자성'이 없다면/어찌 타성이 있겠는가?/자성도 타성에서는/타성이라고 할 것이다"[7]라는 진술이 있다. 주체에게 이미 도래해서 응답을 요구하는 타자가 있을 때, 버틀러는 타자의 윤리학을 실현하는 일(레비나스)을 넘어서서, 이 윤리의 방향을 전환하여 타자 역시 타자인 주체의 위치를 고려하라고 말한다. 주체와 타자는 레비나스가 말한 타자의 윤리학으로 맺어지는 데서 그치는 관계가 아니다. 주체와 타자는 서로의 타자와 주체로서 평등하게 연대해야 할 존재들이다. 주체는 타자이고 타자 또한 주체이다. 이 주장은 앞선 『중론』의 구절, "자성도 타성에서는 타성이라고 해야 한다"는 말과 같다. 시인은 이 타자

---

7 法若無自性/云何有他性/自性於他姓/亦名爲他姓. 첫 행 "'자성'이 없다면"의 직역은 "법에 자성이 없다면" 정도가 될 것이다.

인식을 이번 시집에서 공식화하고 있는데, '개'나 '풀'의 생동화가 그 사례일 것이다. 이 공식화에 필요한 것이 '출현의 공간'이다.

주체에게 타자가 또 타자에게 주체가 행위하는 '출현의 공간(the space of appearance)'을 통해 비로소 타자가 인식된다. 이 공간은 수행성의 원리에 의해 주체와 타자 사이에 등장하는 공간이고 행동으로부터 분리될 수 없는 공간이다. 그러므로 출현의 공간은 오직 상호 주체적인 것이다. 신체와 목소리는 그 사이 공간에서 주체와 타자를 이어줄 수 있다.[8]

「만져도 될까요?」는 그러므로 식물을 사람처럼 처리한 상상력의 언어에 그치는 시가 아니다. 의인적 상상력은 이번 시집 이곳저곳에 반복적으로 나타나는데, 반복[9]이야

---

8 '출현의 공간'은 한나 아렌트가 『인간의 조건』(이진우 옮김, 한길사, 2003, pp. 261~70)에서 말한 개념을 주디스 버틀러가 활용한 것이다. 이진우는 이를 '현상의 공간'이라고 번역했다. '출현의 공간'이 존재하고 소멸하는 형태를 설명하고 있기 때문에, 김선우의 시에서 비인간들이 출현해 인간과 연대하는 과정을 이해하기 위한 자료로 이진우의 번역을 인용해둔다. "현상의 공간은 말과 행위의 방식으로 사람들이 함께 사는 곳이면 어디서나 존재한다. 그래서 공론 영역의 형식적인 모든 구조와 다양한 형태의 정부, 즉 공론 영역이 조직화될 수 있는 다양한 형식들에 앞선다. 이 공간의 특성은 우리 손의 작업의 공간과는 달리 이 공간을 존재하게 하는 운동의 현실성을 넘어 존속하는 것이 아니라, 사람들이 흩어지면 사라지며 활동 자체가 없어져도 사라져버린다"(같은 책, pp. 261~62).
9 흄, 니체, 키르케고르를 거쳐 반복을 '차이화'한 들뢰즈의 사상을 불가의 연기론으로 이어놓는 김선우의 시 세계를 다시 본격적으로 살펴볼 필

말로 시인이 강조하고 싶은 세계의 언어형식일 것이다. 반복이라는 행위를 통해 인간의 공간에 들여오는 사물들의 세계는, 시인에게는 계속 '나-너'가 몸을 바꾸는 '주체-타자'의 존재가 될 것이다.

그래서 「만져도 될까요?」에는 두 시선의 중첩이 있다. 하나는 나무를 지향하는 소녀가 등장하여 이루는 시선이다. 나무는 소녀의 손길을 감촉하고 세계를 향해 말을 건다. 이 대화는 비인간에 대한 상상력을 실현하는 대표적인 장면이다. 과거 「非인간」(『녹턴』)에서 징후적 바람으로 등장했던 세계가 이 시에서 공식화되고 있는 것이다. 그런데 이 세계는 '비인간-나무'의 저 위치를 주체로 만들기 위해 시인이 「대관령 옛길」에서 속삭여 보여주었던 관계의 안과 밖을 뒤집어놓은 것이다.

>
> 때로 환장할 무언가 그리워져
> 정말 사랑했는지 의심스러워질 적이면
> 빙화의 대관령 옛길, 아무도
> 오르려 하지 않는 나의 길을 걷는다
>
> 겨울 자작나무 뜨거운 줄기에

요가 있다. 『내 따스한 유령들』에 수록된 「차이와 반복, 혹은 바다와 돌」 참고.

맨 처음인 것처럼 가만 입술을 대고
속삭인다, 너도 갈거니?
─「대관령 옛길」(『내 혀가 입 속에 갇혀 있길 거부한다면』) 부분

'나'는 자작나무인 '너'에게 입술을 댄다. 아무도 없는 길에 자작나무만이 함께 있기 때문이다. 시인의 입맞춤은 인간이 비인간 나무에게 행하는 대화이다. 이 대화를 통해 비인간 나무가 출현의 공간으로 올라오고, 시인과 함께한다. 이 입맞춤의 연대 행위를 통해서 자작나무가 의미화되는 것이다.

「만져도 될까요?」는 이 의미화의 방향을 처음부터 뒤집어놓는다. '주체-비인간'과 '타자-인간'이 이 공간에서 움직인다. 이런 뒤집힘에 의해 또 다른 사실이 드러나는데, '대관령 옛길'에 서 있는 나무가 시인에게 명확한 답을 하지 않은 반면 「만져도 될까요?」의 나무는 출현의 공간에서 살아 있는 답변을 하고 있다는 점이다. 눈먼 소녀가 그 답변을 청음으로 들었을지의 문제는 중요하지 않다. 소리는 마음으로 들을 수밖에 없기 때문이다. 중요한 것은 시인이 소녀와 나무를 하나의 공간에서 연대의 행동으로 묶어놓고 있다는 점이다. 이 수행성을 통해 비인간과 인간의 연대가 이루어진다. 이 연대는 세계의 존재들이 사는 공간에서 신체가 움직일 때만 가능하다. 시인에게 몸의 해체와 나눔이 비인간의 영역까지 도달할 수 있었던 것은

그 몸이 이미 타자를 위한 몸으로 움직이기 때문이다. 이것은 주체와 타자의 공간에서 이미 무수히 일어나는 일이며, "신체적인 차원에서 지금 우리 자신은 우리가 볼 수도 들을 수도 없는 방식으로 나타나는 타자를 "위해" 존재하는 한 방식이다. 즉 우리는 신체적인 차원에서 우리가 온전히 기대할 수도 없는 관점을 가진 다른 이를 위한 존재가 되는 것이다".[10]

시인은 볼 수도 들을 수도 없는 존재들을 직관하는 사람이다. 『축생일』은 인간의 세계에서는 비가시적이었던 존재들을 출현시키고 대화하며 인식하게 하는 시집이다. 한국문학사에서 비인간의 가시화에 대한 사례를 계열화하는 일은, '인간중심적 관계론'이나 '비인간 사물의 객관론'을 구분하는 다른 글을 통해 가능할 것이다. 김선우가 여기에 이른 것은 그가 오랫동안 세계 속에서 출현의 공간을 오가며 연대의 삶을 살아왔기 때문에 가능한 것이다.

5. 하나의 선: "사랑은 사랑하려 한다"

이렇게 첫 시집의 첫 시로부터 이번 시집의 「만져도 될

---

[10] 주디스 버틀러, 『연대하는 신체들과 거리의 정치』, 김응산·양효실 옮김, 창비, 2020, p. 114.

까요?」에 이르기까지, 김선우의 시편들은 둥그렇게 회집되고 있다. 이것을 '하나의 선(trait unaire)'[11]이라고 명명하고 하나의 주기가 이루어졌음을 분석하는 일이 필요하다. 이 '하나의 선'을 표현한 두 개의 단어가 있다. '평평'과 '폴짝'이 그것이다. '하나의 선'이 '자아의 이상'이라면, 김선우는 '평평'과 '폴짝'에 스스로를 동일화하는 존재이다. 아니, 그는 평생을 '평평'과 '폴짝'을 지향하여 타자들과 연대해왔다. 『축 생일』 3부의 엄마, 아버지 이야기는 그러므로 om에서 시작하여 자음으로 나아가는 세계에 대한 연대의 언어들로 해석된다. om이 없었으면 나눌 신체도 없었을 것이고, 그래서 평평도 없었을 것이다.

「독각, 또각또각」은 세계의 생명들이 서로 건너뛰면서 평등하게 이어지는 관계에 대해 이야기한다. 이 관계 맺음은 단순하되 풍부하고, 고요한데 전면적이다. 시는 핵심을 명료하게 지시하여 그 뒤의 온갖 내용을 상상하게 하고, 압축된 선택 진술로 단아하게 세계 전체를 환기한다.

새 하나 온다

---

11 'trait unaire'는 라캉이 주체의 상징적 동일화 과정을 설명하기 위해 1961년부터 사용한 용어로, 소타자가 아니라 대타자와 상징적으로 동일화되는 하나의 선을 뜻한다. 이것은 그러므로, 기표들의 차이를 만들고 지탱하는 바탕이다.

늑대 하나 온다
[……]
개 하나 온다
사람 하나 온다

   *

하나의 의미가
홀로 되었을 때

곁이 생길 만큼
홀로
홀로

글썽글썽하게
글썽글썽하게

하나가 다른 하나를 부축하며 갑니다
먹을 것을 떠먹입니다
발을 주무릅니다
부리와 날개를 쓰다듬습니다

되었습니다 왔다 가는 이유가

충분합니다 그렇게

*

나비 홀로 간다
고양이 홀로 간다
청둥오리 홀로 간다
[……]
뱀 홀로 간다
사람 홀로 간다
——「독각, 또각또각」 부분

    새가 어떤 모습으로 날아오고, 또 나비가 어떻게 날아가는지 묘사하는 일이 시인의 목적은 아닐 것이다. 오히려 호명된 생명들은 지구의 낱낱의 생명들로 확장될 수 있다. '오고' '가는' 사건 사이에 코뿔소, 문어 등등이 오고 청둥오리, 펭귄 등등이 가는데 이것들만 오고 가는 것이 아니다. 단어와 단어 사이에서 시인이 선택한 의미가 표면화되지도 않는다. 시에서 호명된 이름과 그것들의 행위는 세계의 모든 생명과 운동을 대리표상한다. 독자들은 저 호명 다음에 자신이 알고 있는 온 생명과 온 행동을 가져다 놓을 수 있다. 단순한 형식의 호명과 행동이 모든 사물과 사건 들의 지평으로 확장되도록 시인은 지금 '또각또각' 오가는 언어를 새겨 넣는 중이다.

이 이미지 새김은 가장 생생한 모습의 생명으로 경험되어야 한다. 「혁명력의 시간, 로도스의 나날」에서 '마주치고' '피어오르고' '부풀고' '퍼지는' 사물들의 직접성이 시인을 관념으로부터 구제했듯이, 생명들의 행위는 '부축하고' '떠먹이고' '주무르고' '쓰다듬으며' 오가야 할 것이다. 김선우의 시를 따라 읽어온 독자라면 그 행위가 죽음의 바닥조차 딛고 나오는 사랑의 신생에 이어진다는 사실을 알고 있을 것이다. 세계의 생명들은 신생이 가진 동일 속성으로 이어진다. 홀로 깨닫되 서로 기대어 만드는 세계가 그것이다. 오고 가는 사건 사이에서 사람이, 그리고 또 다른 생명들이 "홀로" "글썽글썽하게" 생의 방식을 알아가듯이, 이런 삶이 언어의 우물을 넘어 현실로 확장된다면, 동일 속성의 개별적 양태들을 상상하고 의미화하는 일은 독자의 몫으로 이어지게 된다.

'온다'와 '간다'의 단속적인 반복은 한 생명과 다른 생명을 구별하면서 연결하는 과정의 형식화이다. 구별하면서 이어놓는 사람이 자기만의 우물에서 다른 존재들의 세계로 나아가는 '폴짝인'이라면, 인간에서 사물로 건너뛰거나 비인간의 세계가 평등한 시선으로 채워졌을 때, 시 형식도 폴짝인에 의해 다른 형식으로 건너뛸 것이다. 이처럼 시의 형식은 시인이 구성한 의미에 대한 수사학적 구축에 그치지 않고 언어 외부 세계의 형식을 직접 묘사하는 데 이른다. 사물이 다른 사물로, 생명이 다른 생명으로 건너뛰는 순간 세상이 출렁일텐데, 이 출렁임은 언어 운율로 그치지 않는 세계의 율동으로 이어진다. 「독각, 또각또각」은 오는 것과 가는 것 사이의 세계 율동에 대한 명료한 형식화이다. 이것은 그러나 없는 것을 만든 결과가 아니라 이미 있는 것을 드러낸 형식화이다. 세계의 율동은 오고 가는 것 사이, 즉 과정의 한가운데에 있는 상관성의 움직임이기 때문이다. 「독각, 또각또각」은 '①오는 생명— ②관계— ③가는 생명'의 상관 구조이고, 앞서 살폈듯이 무자성의 시간 속에서 오는 것과 가는 것은 가는 것과 오는 것으로, 나아가 오고 감의 선후마저 지워져야 하는 관계들의 움직임이다.

그리하여 『축생일』에는 두 개의 큰 의미 장이 형성된다. 하나는 텅 빈 존재들의 세계, 즉 무자성이기 때문에 타자에 의해 구성되어야 하는 세계이다. 「빈 배로부터」와 「가을 강에 떠가는 나뭇잎 배로부터」는 강물로 비유될 존재의 생애를 빈 배의 움직임으로 표현한다. 모든 삶에 목적으로 충만한 본성은 존재하지 않는다. 무자성의 빈 배가 강물 위에서 춤을 추는 이유이다. 다른 하나는 '나'의 운명적 필요성이다. 「겨울 숲에서 배운 것」에서처럼 "내가 죽으면" "너라는 세계가 나와 함께 막을 내린다". '나'가 있어야 세계가 있고 관계가 있다. 우리는 앞에서 주체에게 타자의 윤리학만 비대칭적으로 존재하는 것이 아니라고 말한 바 있다. 주체는 타자의 타자이고, 따라서 타자에게도 타자의 윤리학이 당연히 작용하기 때문이다. 주체와 타자의 상관관계가 인정되듯이 이 세계는 '나'와 '나'의 있음을 통해 가능한 '너'가 함께 만들어가는 세계이다. 이 관계가 시인으로 하여금 다음과 같은 말을 하게 했을 것이다.

"사랑은 사랑하려 한다 거의 영원히"

이 독특하고 낯선 문장 하나가 『축 생일』의 중심이라고 말해도 될 것이다. 사랑에는 관계가 있고 관계에는 주체가 있다. '사랑해'라는 말은 '내가 사랑에 빠졌어'라는 말과 같다. 그런데 이 말은 단순히 수동적 행동을 표현하는 것이 아니다. 사랑이 스스로 움직이는 것처럼, 사물들 또한 스스로 오고 스스로 가는 존재들이다. 우리는 이제 「독각, 또각또각」의 생각을 빌려, 오고 감 사이의 상관적 율동이 사물들이 '출현하는 공간'의 사랑의 형식이라고 말할 수 있게 되었다. 스스로 움직이는 사물들을 바라보는 시인의 시선이 언어에 의해 춤처럼 '율동'하게 될 때, 소리만이 아니라 단어의 배치와 의미 형성이 큰 그물을 이루게 될 때, 이 상태를 능동태도 수동태도 아닌 중간태[12]라고 언어학자들은 말한다. ① '나는 사랑한다'와 ② '사랑은 사랑한다'

는 동일한 것이 아니다. ①이 능동태이고 ②는 중간태이다. 능동태는 주어가 동사의 행위 외부에 있는 것이다. 이때, 주어는 동사의 외부에서 동작의 대상을 지배한다. 반면 중간태는 주어가 동사의 행위 내부에 있는 문장 형태이다. 무엇인가를 사랑하는 것은 나도 알지 못할 사랑 때문이다. 그 알지 못할 사랑이 사랑하는 행위의 중심에 있는 주어이다. 이 사실을 중간태는 정확히 드러낸다.

그런데, 이런 진술을 중간태 형식으로 이해하는 수준에서 그친다면, 사랑의 존재 방식을 언어적 태(voice)의 표현 형식으로 한정하는 것에 불과할 것이다. 시인은 이것을 언어형식으로 끝내지 않고 세계의 존재 형식으로 확장하는 중이다. 홀로 오가는 생명들 안에서 관계가 만들어질 때, '부축하고' '떠먹이고' '주무르고' '쓰다듬는' 수많은 관계가 스스로 이루는 사랑의 자기 전개일 때, 중간태는 문장 형식을 넘어 행위 주체인 사물과 사건 전체로 나아가는 통사 형식이 된다. 「독각, 또각또각」이 표현한 생명의 관계가 그렇다. '비인간'을 바라보는 일은 인간의 대상 지

---

12 중간태에 대한 설명은 여러 학자들의 견해 중 에밀 뱅베니스트를 따랐다. 『일반언어학의 제문제 I』, 황경자 옮김, 민음사, 1992, p. 240. "능동태에서는 동사들이 주어로부터 출발하여 그리고 주어 밖에서 수행되는 사행을 나타낸다. [……] 중간태에서는 동사가 주어를 소재지로 삼는 사행을 나타낸다. 이 경우 주어는 사행의 내부에 있는 것이다." 요컨대 주어는 동사적 행위의 내부에서 스스로 움직이는 사건의 행위자이자 중심인 상태이며, 그것을 표현한 문장이 중간태의 문장이다.

배를 넘어서서 사물과 사건들, 심지어는 사랑이라는 언어까지 스스로 움직이는 활력의 와중에 있는 것들임을 알게 된 사람의 행위이다.

  인간은 사랑에 의해 선택되는 존재이고, 사랑은 스스로 사랑(하려) 한다. 자신이 사랑의 주체라고 생각하는 사람은 실은 '알지 못할 무엇에 취한'(김소월) 사람일 뿐이다. 스스로 움직이는 사랑은 대상을 지배하려는 주체의 일방성을 배제하고, 그 반대로 주체 외부의 활력으로 운동한다.

> 바람은
> 바람이 지나간 자리에 대한 기억 아닙니까?
>
> 호수의 파문은
> 돌멩이와 물방개와 오리가 지나간 자리에 대한 기억 아닙니까?
>
> 파문은 가라앉은 돌보다 오래 지속되지만
> 결국 조용해지고
> 또 다른 기억이 시작될 테지요
>
> 나는 다른 얼굴로 이렇게 말하려고 합니다

해설 | 세 개의 세계, 하나의 선

사랑은 사랑하려 한다 거의 영원히

손안에서 따뜻해진 회중시계
발자국으로 만든 눈밭 위 커다란 하트
다양한 음악이 나오는 기다림들
　——「글라스하모니카를 위한 아다지오와 론도」 부분

"사랑은 사랑하려 한다." 이 문장에는 '사랑'이 사랑을 하는 의지가 포함되어 있다. 이 사랑이 다름 아닌 기억의 힘이다. 기억의 지속이라고도 할 수 있다. 모든 존재가 자신의 기억으로 지속되는 것처럼 사랑 또한 사랑의 기억에 의해 지속된다. 이 지속을 시는 "다양한 음악이 나오는 기다림들"로 바꿔놓는데, 이렇게 해서 시는 존재들의 여러 변주에 대한 기원을 표현하는 언어가 된다. 기억 지속은 주체의 자기 동일성을 가능하게 하는 바탕이 아니라 "또 다른 기억이 시작"되는 사건의 바탕이다. 사랑은 이미 있는 사랑을 지속해서 세계를 사랑의 우주로 만들어가는 음악의 파문이다.

　시집 『축 생일』은 음악의 파문처럼 주체와 타자가 폴짝 건너뛰고 평평해지는 상호 펼침에 대한 노래이다. 주체와 타자는 '평평'한 존재이고 서로 '폴짝' 건너뛰는 힘들이다. '평평'과 '폴짝'은 김선우의 시집 전체에 대한 형상화이기도 하다. '폴짝'은 몸 비움의 방식이고 '평평'은 비운 몸의 형태이다. 앞의 시집들은 제각각 절망과 희망과 연대와 초월에 대한, 그리고 그것들을 가로지르고 있었을 죽음들에 대한 비망록일 것이다. 비망록을 쓰는 일은 기억을 지속하는 일이다. 기억이 지속될 때 사랑이 지속되고, 사랑이 지속될 때 사랑이 다시 시작된다고 시인은 지금 쓰고 있다.

김선우의 아브젝트를 다시 생각한다. 아브젝트가 '평평'한 세상을 환기하기 때문이다. 세상의 아브젝트를 매만져 평등한 세상을 만들고자 했던 사람들이 있는데,[13] 『녹턴』의 캄캄한 절망 이후 김선우가 다시 시를 쓴 것은 서로 평평하게 살아갈 힘을 나누면서 다른 세계로 건너뛴 주체와 타자들의 연대 행위들에 근거하고 있을 것이다. 이번 시집의 두번째 시 「지푸라기의 시」와 마지막에서 두번째 시 「겨울 숲에서 배운 것」은 이 두 편 사이에서 출현하는 다른 모든 시편들의 경계가 된다. 시들은 이 경계를 넘어와 제 말들을 행하고 다시 경계를 넘어간다. 첫 시의 제목인 '폴짝'이라는 단어와 마지막 시의 제목인 '환절기'라는 단어는 마치 운명처럼 보인다. 그렇게 폴짝 건너가서 평평한 세상을 노래하는 시가 아마 다시 씌어지고 있을 것이다. 김선우가 세 시기의 시집들을 건너 이제 하나의 선을 보여주는 때가 되었으니, "이 모든 우주가 다 좋은/환절기

---

[13] 가령, '형평사 운동'이 대표적이다.

에 이르렀다".